幼儿园教师文案写作指导

第二版

毛曙阳 著

华东师范大学出版社
·上海·

图书在版编目(CIP)数据

幼儿园教师文案写作指导/毛曙阳著. —2版. —上海：华东师范大学出版社,2024
ISBN 978-7-5760-4776-9

Ⅰ.①幼… Ⅱ.①毛… Ⅲ.①幼教人员－教案(教育)－写作 Ⅳ.①G615

中国国家版本馆CIP数据核字(2024)第063761号

幼儿园教师文案写作指导(第二版)

著　　者　毛曙阳
责任编辑　刘　佳
责任校对　郑海兰
装帧设计　刘怡霖

出版发行　华东师范大学出版社
社　　址　上海市中山北路3663号　邮编200062
网　　址　www.ecnupress.com.cn
电　　话　021-60821666　行政传真 021-62572105
客服电话　021-62865537　门市(邮购)电话 021-62869887
地　　址　上海市中山北路3663号华东师范大学校内先锋路口
网　　店　http://hdsdcbs.tmall.com

印　刷　者　常熟高专印刷有限公司
开　　本　787毫米×1092毫米　1/16
印　　张　12.75
字　　数　196千字
版　　次　2024年6月第1版
印　　次　2024年6月第1次
书　　号　ISBN 978-7-5760-4776-9
定　　价　58.00元

出版人　王　焰

(如发现本版图书有印订质量问题,请寄回本社客服中心调换或电话021-62865537联系)

前　言

　　文案写作是教师的日常工作之一，但笔者在平时会见到一些幼儿园教师因文案写作而感到困惑和烦恼。原因是多方面的，有的幼儿园非常重视文案工作，却不恰当地给教师布置了过多的案头工作，导致教师疲于应付；有的幼儿园忽视必要的案头工作，造成过程性资料的缺失，从而影响了幼儿园教育质量的进一步提升。

　　当前，人们愈加关注学前教育的质量，对幼儿园教师的专业素质素养提出了更高的要求。因此，我们有必要对教师的文案写作进行更多、更深入的探讨和研究。事实上，教师的写作在教师专业工作中具有重要的意义。教师的写作是教师整个工作流程中的一个重要环节。教师需要做事，需要思考，也需要写作。写作其实是教师反省的一种外化方式，是教师创造性工作的记录。写作能让教师的工作留有痕迹，能让我们共同体验教师专业发展和成长的心路历程。因此，教师不应当把文案写作视为额外的要求和负担，而应当将之看作是整个专业工作的重要组成部分，是教师自我反思的主要表现形式，也是教师进一步提高自身专业化水平的重要途径。写作的水平取决于教师的思考深度和实际工作水平，而有效的写作又能提高教师的思考水平和工作质量。因此，教师需要进一步厘清文案写作的目的和重点，提高文案写作的目的性和条理性，减少不必要的和重复的案头工作，提高文案写作的质量和水平，乐于写作和善于写作，在写作和反思中体验专业成长的喜悦，增强专业的荣誉感和自豪感，从而更加扎实有效地提高各级各类幼儿园的保育教育质量。

　　《幼儿园教师文案写作指导》（第二版）针对幼儿园教师如何提高文案写作的效益以及写作水平，提出了科学而具体的建议，支持教师不断提升专业素养。全书包括文案写作概述、观察记录写作、教育教学反思、教育工作计划与总结、保教计划和教学活动设计、教育论文写作和课题研究写作七个部分。本书的内容全面系统地涵盖了幼儿园一线教师的主要案头工作。在每一个部分，我们重点介绍了此项写作的价值和方法策略，围绕如何提高此项写作的能力进行探讨，并列举了一些优秀的典型案例，给教师以启发，从而帮助教师有效而迅速地提高自身的专业水准。

在第二版的修订过程中，根据读者的建议和新的发展要求，我们在第一版的基础上进行了一些调整和增添，主要体现在以下几个方面：

1. 我们对部分章节的顺序做了调整。我们将教师的观察记录写作、教育教学反思和教育工作计划与总结这三个章节的位置做了前移。这样就更加突出了观察、反思和计划的作用和价值，同时会有助于提高教师的观察倾听意识、规划意识和反思意识。

2. 我们对各个章节中的内容进行了充实。在第一章幼儿园教师文案写作概述中，我们更加强调了写作对于教师所具有的实用价值。良好的写作能力和写作训练不仅能体现出言之有物和言之有据的良好文风，同时能够有效地提升教师逻辑思维的水平。教师在写作的过程中要更加具有过程意识，只有不断地形成适宜的保育和教育理念，认真地向儿童、自然世界、周围的同行和书本学习，勤于积累，才能不断提升自身的文案写作水平。在勤于思考和树立正确的教育理念方面，我们做了新的增添和补充，进一步强调了要全面理解幼儿的学习特点和更加自觉地成为有准备的教师。我们也对推荐给教师的阅读清单进行了丰富和补充。

在第二章幼儿园教师的观察记录写作中，我们充实了相关内容，进一步强调教师要主动成为会观察、会倾听、会记录、会沟通和有爱心的教育工作者。在第四章幼儿园教师的教育工作计划与总结和第五章幼儿园教师保教计划和教学活动设计这两章中，我们丰富了相关内容，并提供了一些新的表格供教师参考使用。在第六章幼儿园教师的教育论文写作中，我们就如何提高文字表述水平和提高投稿稿件的质量提出了一些新的建议。

3. 我们为读者提供了更加丰富生动和有启发的实际案例。在第三章幼儿园教师的教育教学反思和第五章幼儿园教师保教计划和教学活动设计中，我们提供了一些丰富生动的案例，这些来自实践一线的案例能够让大家更加真切地感受到应如何以儿童为本，以生活为基础，让教师的教育工作和教育写作更加贴近儿童和贴近真实的生活，从而更加有效地提升教师自身的素养，让教师更加坚定理想信念，在充实和谐的教育过程中成为幸福愉快的教育工作者。

4. 全书的版式作了新的调整和创新。为了更好地帮助教师提升教育写作的能力，成为具有扎根精神和创新意识的反思型教师，我们在每一章的开头增添了一些新的文字，这些文字都来自于所在章节，我们尽力通过调整文字排版等方式提高读者阅读的轻松感，期望这些改变能给读者们带来新的启示和支持。

本书的主要阅读对象是幼儿园的一线教师和园长。本书的内容紧扣国家颁布的《幼儿园教师专业标准》《3—6岁儿童学习和发展指南》和《幼儿园保育教育质量评估指南》的精神，并参考国内外学前教育界对优秀教师的具体要求，具有相当的领先性和实用性，是幼儿园教师提高自身专业素养和教育教学质量的重要参考资料。

全书由毛曙阳主笔并统稿，郭良菁、陈学群和章丽参与了第三章的编写，贺玮、张晖娟和蔡萍参与了第四章的编写，陈国强、徐毅和刘瑜参与了第五章的编写，张晖、曲新陵和崔利玲参与了第七章的编写。本书在写作和修订的过程中，得到了读者朋友们的大力支持。书中参考了一些有价值的文献资料，收录了许多幼儿园提供的优秀文本案例，吸收了一些教师提出的建设性的意见，在此深表谢意。

目　录

第一章　幼儿园教师文案写作概述 / 001

第一节　文案写作的概念和价值 / 002
一、幼儿园教师文案写作的概念 / 002

二、幼儿园教师文案写作的特点 / 003

三、幼儿园教师文案写作的价值 / 005

第二节　如何写好文案 / 007
一、勤于动笔，不断积累工作中的事例和经验 / 007

二、勤于阅读，有效收集相关材料 / 008

三、勤于思考，树立正确的教育理念 / 011

第二章　幼儿园教师的观察记录写作 / 041

第一节　教师观察记录的概念和价值 / 042
一、观察记录的概念 / 042

二、观察记录的价值 / 045

第二节　如何做好观察记录 / 047
一、客观真实地观察倾听和记录幼儿的行为 / 047

二、采用多种有效手段来提高观察记录的效果 / 054

三、形成良好的心态，养成长期观察记录的习惯 / 056

第三章　幼儿园教师的教育教学反思 / 069

第一节　教育教学反思的概念和价值 / 070

一、教育教学反思的概念和内容 / 070

二、教育教学反思的价值 / 071

第二节　如何写好教育教学反思 / 073

一、养成良好的反思习惯 / 073

二、反思记录形式多样化 / 074

三、教师要善于通过各种方式来提高反思的水平 / 075

第四章　幼儿园教师的教育工作计划与总结 / 097

第一节　教育工作计划与总结的概念和价值 / 098

一、教育工作计划与总结的概念和内容 / 098

二、教育工作计划与总结的价值 / 098

第二节　如何写好教育工作计划与总结 / 100

一、要具有针对性，有利于幼儿园中心任务的完成 / 100

二、要具有一定的专业引领性，有利于教师专业水平的提升 / 100

三、要具有一定的创新性和灵活性 / 101

四、把握教育工作计划与总结撰写要领 / 101

第五章　幼儿园教师的保教计划和教学活动设计 / 119

第一节　保教计划和教学活动设计的概念和价值 / 120

一、保教计划和教学活动设计的概念和内容 / 120

二、保教计划和教学活动设计的价值 / 121

第二节　如何写好保教计划和教学活动设计 / 124

一、把握确定目标 / 124

二、选择适宜的内容 / 126

三、设计好具体实施过程 / 126

四、规范地写好保教计划和活动设计 / 131

第六章　幼儿园教师的教育论文写作 / 161

第一节　教育论文写作的概念和价值 / 162

一、教育论文的概念和种类 / 162

二、教育论文写作的价值 / 162

第二节　如何写好教育论文 / 164

一、以自己真实的教育实践和研究为基础 / 164

二、平时注意收集各类实践性的经验资料 / 164

三、通过多种途径收集与论文主题相关的信息 / 165

四、注意写作的各项规范 / 165

五、不断提高文字的表述水平 / 166

第七章　幼儿园教师课题研究写作 / 169

第一节　课题研究的概念和价值 / 170

一、课题研究的概念和内容 / 170

二、课题研究的价值 / 171

第二节　如何做好课题研究 / 172

一、确定合适的研究问题 / 172

二、搜集文献并做文献综述 / 179

三、制定出可行的研究方案 / 181

四、撰写研究报告 / 182

主要参考文献 / 191

第一章 幼儿园教师文案写作概述

幼儿园教师应更加深刻地认识写作的意义和价值。

第一节　文案写作的概念和价值

一、幼儿园教师文案写作的概念

写作是什么？教师的写作是什么？幼儿园教师的文案写作又是什么？这是幼儿园教师在日常工作中需要认真思考和直接面对的实际问题。写作就是一个人把自己的想法用文字的方式予以记录和呈现。通常来说，这是人们借助于语言文字符号以记述的方式来记录信息、表达感情、传递信息、实现沟通的脑力劳动过程。这一过程通常包括"采集信息""构思结构""初步行文""修改调整""再次成文"这几个阶段。

在生活中，写作具有重要的实用价值。写作者可以借助文本更加清晰地表达和阐述自己的想法和观点，可以有效地提高自身的表达能力和沟通能力。清晰的文本表述能够让阅读者更加深入和准确地理解、把握写作者的思路和意图，有助于彼此间的交流和对话。如果文本表达不清，那么，阅读者很可能从一开始就会对文本所表达的思想持有怀疑态度。认真的写作者会不断地琢磨，反复地打磨和修改自己的文本，尽可能地让自己的文本更加清晰，更加深入浅出，易于阅读者的认识和理解。写作这一过程能够有效地帮助写作者提高自己的逻辑思维能力和水平。通过写作训练，写作者可以学会如何展开思路，如何提出问题，如何找到强有力的论据，如何清晰和有层次地表达自己的想法。写作者应言之有物，有感而发，要能够通过写作这一方式简明精要地表达出自己的观点和想法。幼儿园教师的文案写作是写作的一种形式，幼儿园教师的文案写作与自身的工作之间有着密切的关联。幼儿园教师的文案写作指的是幼儿园教师为了支持幼儿全面健康发展，为了确保和提升幼儿园保教质量，而在日常工作中从事并呈现出来的各类专业写作，主要有观察记录、教育教学反思、教育工作计划与总结、保教计划和教学活动设计、教育论文和课题研究等。文案写作可以帮助教师总结日常工作经验，梳理已有的教育教学思想，提高幼儿园的教育质量。

在对幼儿园教师的专业能力和对幼儿园教育质量的考核评价过程中，人们往往会把幼儿园教师的文案写作水平和成果作为考核和评价的一项重要内容。在一些幼儿园，管理者忽略文案写作工作，教师缺乏记录和整理的意识，文案写作水平不高，会在一定程度上制约幼儿园教育质量的进一步提升。而有些幼儿园尽管对文案写作有了较多的重视，但是由于方法和策略不当，使得教师疲于应付大量繁杂低效的案头工作，分散了精力，甚至影响了正常的教育教学。

由于缺少必要的和高效的文案工作的积累，一些教师尽管平时做了大量的、繁琐的具体工作，但到了阶段总结时，却也只能泛泛而谈，无法通过书面的形式全面有力地展现自己的工作和探索历程。

有学者提出，尽管写作促进专业发展已经越来越成为教师的共识，但作为写作的主体，教师自身对教育写作的定位、功能及价值还未能冲破已有的固化认识，这极大地制约了教师写作的积极性，也弱化了教育写作在教师专业生活中的功能和价值。教师的写作需要从技术性的操作、功利性的要求，真正转变成为教师自觉能动的专业活动形式，教师需要唤醒并萌发自身的主体意识，对教育写作产生新的理解和超越。[①] 教师也应当从哲学的视角和用追根溯源的方法来认识和理解自己的生活和工作。教育家乔治·奈勒提出："那些不应用哲学去思考问题的教育工作者必然是肤浅的，一个肤浅的教育工作者，可能是好的教育工作者，也可能是坏的教育工作者——但是好也好得有限，而坏则每况愈下。"[②]

因此，幼儿园教师应更加深刻地认识写作的意义和价值，并在这一过程中努力地寻找到适合自身的、更为有效的文案写作策略。

二、幼儿园教师文案写作的特点

通常来说，优秀的幼儿园教师文案写作应具有以下特点。

---

① 颜莹. 教育写作：教师教育生活的专业表达［M］. 南京：江苏凤凰教育出版社，2020：1—2.
② 陈友松，主编. 当代西方教育哲学［M］. 北京：教育科学出版社，1982：135.

（一）逻辑性

幼儿园教师的文案写作应该是富有逻辑的和有条理的，并要体现出自身的学术思维和哲学思考。教师的写作应该围绕主题、思路清晰、层次分明和言之有物。

教师是从事于教育工作的专业人员。教师要全面落实立德树人根本任务，坚持育人为本，要言传身教、学高为师、身正为范，要真正地成为陪伴和支持儿童成长的传道者、授业者、解惑者和共同成长者。因此，教师在提升写作能力的过程中，要充分地发展自身的理性思维能力，博览群书，虚心好学，要以实事求是的态度对待自己的工作，不断更新自身的观念，具有向儿童学习、向大自然学习和向生活学习的积极态度，要善于积累、善于反思、善于合作和善于创造，只有这样才能让自己的写作更加有深度、有条理和有力量，才能更加符合时代发展的需要，更加契合儿童发展的基本规律，才能写出优秀的和有质量的教育文案。

（二）具体性

幼儿园教师的文案是非常具体真实的。在文案中所描述的都是幼儿园中经常发生的、教师亲历亲见的具体真实的事件。这些心得、感悟、活动设计、教育经验论文和研究设想是教师的经验总结，是教师的亲身经历，反映出教师的真实想法。幼儿园教师在深入了解幼儿的个性特征方面有着得天独厚的条件。教师有大量的时间和机会与幼儿保持密切的接触，可以全方位地体会和分享幼儿特有的生活习惯和思考问题的方式，可以经常性地与幼儿家长进行沟通交流，因此，在教师的文案中往往有大量生动的细节描述。这些具体的文案从细微处反映出教师内心的思考及所持有的基本理念，会让人们对幼儿的生活有更多具体的认识和了解。

（三）原生性

教师所描述记录的许多事件常是自己身边刚刚发生的事情。这些事件具有明显的偶发性和生动性，也总是在持续地发生变化。不同于工厂里某一个标准件的生产过程，教师和幼儿每天的生活都是崭新的。

在幼儿园中会发生许多让人印象深刻和具有启发性的事件，例如，你会看到孩子们热情地来教你如何剪窗花。在这一个过程中，我们会忽然发现当孩子们能够教授一样技能给别人时，他们会表现出更大的学习热情。有经验的教师深有体会，每一次的教学过程都是教师和幼儿共同生成的一个过程，任何照本宣科与生搬硬套都无法让教育活动展现出自身的魅力。

（四）创造性

幼儿园教师的文案具有创造性。教师的工作和研究对象是幼儿，是一群每天都在发生细微但深刻变化的学习者。孩子们对生活和学习充满了热情与渴望，对外部世界充满了好奇，他们在幼儿园时期的学习和发展是其人生中极为独特的一个阶段。在幼儿园中，孩子们自己尚不能有意识地记录下自己的行为，教师就应当担此重任，让幼儿那丰富多彩的行为呈现在各类文本材料中。"幼儿教师的一个重要工作就是做好文字记录，把儿童的自发活动用其他方式表现出来。为一组儿童担任书记员的角色，教师就成了记忆的保持者。"① 这些点点滴滴的记录和分析，能够增进教师对儿童的理解，能够提升教师的专业能力，最终能够促进教育质量的整体提升。由此看来，教师的文案写作具有极大的创造性和相当高的研究价值。

三、幼儿园教师文案写作的价值

（一）能有效提升教师的文本写作能力和思考能力

教师的专业发展有多个途径。实践证明，通过提高教师文案写作的质量和水平，能够快速有效地提升教师的专业发展能力。

在幼儿园的日常工作中，教师面临着大量的案头、笔头工作，把文案工作做好了，就意味着教师的研究水平有了提高。

---

① [美] 琼斯，尼莫. 生成课程 [M]. 周欣，等，译. 上海：华东师范大学出版社，2004：74.

苏霍姆林斯基曾说:"如果你想让教师的劳动能够给教师带来乐趣,使天天上课不至于变成一种单调乏味的义务,那你就应当引导每一位教师走上从事研究的这条幸福的道路上来。"事实证明,如果教师把日常的工作当作研究来看,像研究者那样勤于记录和反思,就会在看似平淡的工作中激发出新的活力和创造力,就会有效地提升自己的专业能力。教师不断地提升自身的倾听、反思和写作的能力,那么人们将会更加确认和信赖教师的专业素养和能力,那么,教师在整个社会中的地位也将随之提升。

(二) 能持续地提高幼儿园的教育质量

幼儿园教育质量的提高需要有一支高素质的教师队伍和良好的园所文化。教师文案写作能力的提高,有助于教师树立正确的教育理念,并形成良好的文化氛围。在写作的过程中,教师会在潜移默化中形成正确的儿童观和教育观。教师文案写作能力的提高,也有助于幼儿园发挥整体的教育优势,提升幼儿园的教育质量。通过学习和整理大量的一手资料,幼教机构会日渐寻找到适合自己的教育和发展模式,充分发挥自身的优势,依照教育规律为幼儿创设出更加适宜的教育环境。

(三) 能够促进和确保幼儿的健康发展

教师文案写作水平的提高,能让教师的素质得以提升,让幼儿园的教育质量得以提高,有效地促进和确保幼儿的健康和谐发展。

幼儿的发展是一项艰巨的、细致的和长期的工程。文案写作能让教师通过记录和反思自己的教育行为,不断深刻地认识"以儿童为本"这一基本的教育理念。通过反思,教师能够在头脑中对幼儿的发展状况形成更加清晰的认识。文案写作水平的提高有利于提高教师的工作效率,能让教师获得成就感和满足感。教师文案写作能力的提高有利于教师总结经验,寻找到更好的教育方法。在这一过程中,教师观察和了解记录幼儿的能力得以提升,能够更好地理解幼儿的行为,从而把尊重幼儿和支持幼儿的理念落实到具体的行动中。

第二节　如何写好文案

一、勤于动笔，不断积累工作中的事例和经验

相对于理论工作者，作为实践工作者的一线教师，在大量阅读专业理论书籍方面并不具有优势，但是一线的教师却可以有大量的机会和条件积累第一手的日常工作经验。

教师可以随时记录幼儿的行为和活动，可以随时展开观察和记录。教师能够以实践者的身份亲历课程实施的每一个环节，了解不同幼儿的家庭背景，创造性地创设班级环境，详细记录下自己的教育过程并进行反思，还可以根据自身兴趣开展微型课题研究。因此，教师要养成良好的记录习惯，随时记录各类有价值的信息资料，定期进行整理，充分发挥自身优势，让自己成为有个性有活力的实践研究者。

幼儿园的管理者应该在制度层面上为教师的文案写作提供支持和保障，可以为教师提供各类记录本，为教师提供录音、录像等记录设备，还可以在教师的工作时间中设置出专门的记录、整理和写作的时间段。

此外，定期组织教师开展文案写作的经验交流，以多种方式来鼓励和奖励教师，也能够有效地提高教师的写作积极性。

教师在进行各类文案的写作时，首先要对文案写作的基本规范有一定的了解，要多阅读学习一些优秀的文案。在本书的相关章节中，我们会进行具体阐述。

总体来说，在进行文案写作时，一般应关注如下的基本规范：

1. 要尽量准确地注明文案写作的时间和地点，尤其是在做儿童观察记录和教学记录时。

2. 在教育论文中，如果引用了别人的研究成果，应该注明出处。如果是在网络中找到的资源，也应该注明当时浏览的网站地址和浏览时间。

3. 思路要清晰，文字要流畅简练。有了清晰的思路，文本才会显得层次分明，重点突出。通过多读和多写，写出的文案才会达到文字贴切、语言流畅的标准。不同类型文案的写作要求在本书中都有具体的阐释，读者可根据自己的情况，在认真学习借鉴的基础上，形成自己的新认识，在实践中创造性地运用。

二、勤于阅读，有效收集相关材料

教师要通过多种途径收集各类有价值的信息，多读好书，勤记笔记，了解学习他人的有益经验，以提高自己的知识储备量。这些途径包括：阅读好的书籍、阅读优秀的专业期刊、利用网络收集信息和记录他人的精彩讲话等。

阅读优秀的书籍就如同与有思想的人对话，能有效地拓展教师的工作宽度和研究思路。通过阅读思考本专业领域中的经典名著，教师可以了解借鉴他人的宝贵经验，也可以反思自己与他人的实践，从而更加坚定自己的专业信念。幼儿园教师可以多读一些得到业内专家认可的、一致推荐的好书，可以先选择一些概念和理念清晰的专业书籍进行阅读。

在多读好书的同时，教师还要勤于做笔记，认真思考，把书中见解独到的段落摘录下来，并加以点评和分析。对书中的内容有了更具体和更深刻的印象，将有利于教师创造性地加以应用和借鉴。如果教师有了大量的阅读和记录，那么他们的视野会更加开阔，也能为自己的写作提供更多的、有价值的参考信息，增强文章的说服力。

推荐阅读

专业书籍阅读清单

1. [美]爱德华兹，甘第尼，福尔曼．儿童的一百种语言：转型时期的瑞吉欧·艾米利亚经验（第3版）[M]．尹坚勤，王坚红，沈尹婧，译．南京：南京师范大学出版社，2014.

2. [美]爱泼斯坦．有准备的教师——为幼儿学习选择最佳策略[M]．李敏谊，张晨晖，郑艳，李雅静，等，译．北京：教育科学出版社，2012.

3. [美]班宁，沙利雯．透视幼儿的户外学习[M]．毛曙阳，译．北京：中国轻工业出版社，2023.

4. [美]贝纳姆．培养卓越儿童：幼儿教育中的瑞吉欧教学法[M]．叶平枝，等，译．北京：中国轻工业出版社，2022.

5. [新西兰]布朗利．与我心灵共舞：满足婴幼儿的成长需求——安全感、被爱和被尊重[M]．范忆，刘萌然，译．南京：南京师范大学出版社，2019.

6. 陈鹤琴．陈鹤琴全集[M]．南京：江苏教育出版社，2008.

7. [美]道治，柯克，海洛曼．幼儿园创造性课程[M]．吕素美，译．南京：南京师范大学出版社，2006.

8. [美]杜威．民主主义与教育[M]．王承绪，译．北京：人民教育出版社，2001.

9. [德]福禄倍尔．人的教育[M]．孙祖复，译．北京：人民教育出版社，2001.

10. 胡华．幼儿教师的教育哲学观——通向幸福的教育之道[M]．上海：复旦大学出版社，2022.

11. [美]霍曼，等．活动中的幼儿——幼儿认知发展课程[M]．郝和平，周欣，译．北京：人民教育出版社，1995.

12. 姜勇，主编．国外学前教育学基本文献讲读[M]．北京：北京大学出版社，2013.

13. [日]津守真．幼儿工作者的视野：置身教育实践的记录[M]．刘洋洋，译．上海：华东师范大学出版社，2009.

14. [美]凯兹.与幼儿教师对话——迈向专业成长之路[M].廖凤瑞,译.南京:南京师范大学出版社,2004.

15. [美]柯蒂斯,卡特,编著.和儿童一起学习:促进反思性教学的课程框架[M].周欣,周晶,张亚杰,高黎亚,译.北京:教育科学出版社,2011.

16. 刘敏,等.幼儿园文案撰写规范与技巧[M].北京:中国轻工业出版社,2019.

17. [法]卢梭.爱弥儿[M].李平沤,译.北京:商务印书馆,1996.

18. [美]路易斯,等.认识婴幼儿的游戏图式:图式背后的秘密(第2版)[M].张晖,范忆,时萍,译.北京:中国轻工业出版社,2019.

19. [美]诺丁斯.学会关心:教育的另一种模式(第2版)[M].于天龙,译.北京:教育科学出版社,2014.

20. [美]琼斯,尼莫.生成课程[M].周欣,等,译.上海:华东师范大学出版社,2004.

21. [英]沙曼,等.观察儿童——实践操作指南(第三版)[M].单敏月,王晓平,译.上海:华东师范大学出版社,2008.

22. [美]戈贝尔.评价幼儿的6种简易方法[M].毛曙阳,译.上海:华东师范大学出版社,2011.

23. 王春燕.幼儿园课程概论(第2版)[M].北京:高等教育出版社,2014.

24. 吴康宁.重新发现教师[M].南京:南京师范大学出版社,2017.

25. 颜莹.教育写作:教师教育生活的专业表达[M].南京:江苏凤凰教育出版社,2020.

26. 虞永平.生活化的幼儿园课程[M].北京:高等教育出版社,2010.

27. [美]约翰逊,等.游戏与儿童早期发展[M].华爱华,郭力平,等,译.上海:华东师范大学出版社,2006.

28. [日]佐藤学.静悄悄的革命[M].李季湄,译.长春:长春出版社,2003.

此外,一些专业期刊也能给教师带来最新和最全面的行业信息。在这方面,向大家推荐的专业杂志有:《学前教育研究》《幼儿教育》《早期教育》《学前教育》和《上海托幼》等。

三、勤于思考，树立正确的教育理念

教师的文案写作水平的高低不仅取决于驾驭文字的能力，更要求教师具有良好的思想认知水平，能始终把握正确的教育理念。平时，教师要不断梳理自己的教育理念，了解教育发展的新动向，在纷繁复杂的教育观念中辨别并选择科学的理念加以吸收和再造。我们认为，教师要深刻认识到当前学前教育新的发展趋势，从而树立起自己的教育理念。

我们可以从以下几个方面来认识当前学前教育的发展趋势。

（一）从生态和整体的视角来理解儿童教育

当前我国学前教育的一个显著特点就是愈加走向生态，愈加重视幼儿发展的整体性、和谐性和自然性。滕守尧教授指出：走向生态的儿童教育是在借鉴当代生态观念和国际先进教育理念和理论，在总结以往我国儿童教育之长处和缺陷的基础上提出的一种全新的儿童教育形态。

生态学，原指研究生命体与其自然环境之间关系的学问（生态学家在研究中发现，生命体之间以及生命体与无机世界之间，存在着一种极其复杂的相互关联）。但发展到今天，它已经超越生态学学科的界限，成为人们观察世界和发现世界的一种世界观。所谓生态世界观，是一种以万物相互联系的视角看待世界的方式。在这个世界上，即使是严重对立的两方，如阴和阳、水与火等，也有着互益互补的可能。

就儿童教育来说，以往我国儿童教育虽然取得了长足发展，但是在有形教育（正规的学校和课堂教育）和无形教育（社区、学校自然环境和人文环境，家长和教师的行为和言行，电视和其他媒介的信息对儿童的无形影响）之间，更容易偏重于有形教育，忽略无形教育对儿童无所不在的影响，对有形教育与无形教育之间的联系和协调不够重视。

滕守尧教授认为走向生态的儿童教育强调儿童生命发展、生活和生产的三位一体，是在三者之间的生态联系中发展的整体的儿童教育。在生命发展问题上，以往教育偏重于拔苗助长的温室环境，忽视适宜于儿童生命自然发展的自然环境；在儿童的生活问题上，以往教育偏重于家长、教师包办一切的方式，忽视挫折环境的创立，忽视让儿童自己动手、自己解决问题的真实生活环境的创立；在儿童生产问题上，以往教育偏重于灌输、模仿和千篇一律的结果，儿童所接触的东西，多是现成的、高结构的和昂贵的玩具和乐器，而不是自然中的泥土、石头、果实、树枝、小动物、自然声响等触发其创造性思维的原生态环境和媒介。

教育者应引导儿童回复到健康的生命状态、生存状态和生产状态，保护儿童文化和儿童的自然本性。所谓的儿童生命状态，是指儿童的那种活泼、自由、奔放，充满想象和情趣的状态。在这里，儿童的思想和交流，遵从生命本身的逻辑，不一定是口头语言，多数时候也会通过流畅的肢体动作自然地表述（如马拉古奇所说的"用身体去想，脑袋去做"）。所谓儿童的生存状态，是指当儿童生命发展遇到问题和挑战时，儿童特有的解决方式，以及与这种方式相伴随的特殊感受和情感（如马拉古奇所说的"学习和游戏不分，想象和真实不分"）。所谓儿童的生产状态，是指那种儿童在其中能手脑并用、将感受与想象的东西化为可听可见东西的过程。[①] 可以说，从生态和文化的视野来看待幼儿教育，能够让我们更加深刻地意识到幼儿教育是整个教育的起点，儿童文化是人类文化的基础，幼儿教育需要贴近自然，贴近儿童，走向生态。

（二）儿童期有着独特的价值，儿童是有能力的学习者

其实，在人的一生中，每一阶段都有自己独特的、不可替代的价值。我们不应该也不必要为了某一阶段而牺牲或放弃另一阶段的价值。童年期也是人生中的一个重要阶段，为了下个阶段的幸福，牺牲童年阶段的幸福是不合适的。而且，即便是

---

① 虞永平. 生活化的幼儿园课程 [M]. 北京：高等教育出版社，2010：序言.

这样去做了，也不一定会得到期望的结果。过度强调某一年龄段的重要性和完全忽略某一年龄段的重要性，都是不可取的。童年有着自己独特的价值。学者们日益清晰地意识到："儿童期不再是一个准备期或者一个空白的阶段，而是社会结构或社会机构的一部分，在他的人生的某一阶段有着重要的意义，既不比其他阶段的意义大，也不比其他阶段的意义小。"①

他们认为，儿童期具有这样的特征：

（1）儿童期是一个社会建构，既是在一种积极的社会关系中为儿童创造的，也是由儿童自己创造的。但是儿童期是一种生命事实，对儿童期的理解方式是由社会决定的。

（2）儿童期，作为一种社会概念，是以时间、场所和文化为背景的，而且随着社会等级、社会经济条件的改变而改变。不存在自然的或普遍的儿童期，也没有一个自然的或普遍的儿童，但有多种的儿童期和儿童。

（3）儿童参与决定和建构自己的生活方式，是社会的一员，也参与决定和建构他人和自己赖以生存的环境。

（4）儿童的社会关系和文化值得研究。

（5）儿童有自己的声音，应该认真地倾听和对待，让他们参与民主的对话或决策，要理解儿童。

（6）儿童对社会资源和生产是有贡献的，并不仅仅是消耗和负担。

（7）成人和儿童之间的关系，包括权力和练习（还有表达爱的练习）。有必要考虑成人权力的维系和使用的方式，同样也要考虑儿童对成人权力的反应和抵制。

在这种框架下，儿童是有潜力的、强大的、有能力的，是与成人以及其他儿童相关联的个体，儿童从生命开始就是一个知识、文化的共同建构者。儿童不再被看做是一个可测量的各个领域分离的客体，各个领域不是彼此割裂开来的，而是非常复杂和相互联系的，儿童被理解为是一个特别的、复杂的和有自己个性特征的对

---

① ［瑞典］达尔伯格，莫斯，彭斯. 超越早期教育保教质量——后现代视角［M］. 朱家雄，王铮，等，译校. 上海：华东师范大学出版社，2006：56.

象。① 正是基于这样的认识，愈来愈多的人们开始认识到儿童和儿童期的独特性和复杂性，提出要倾听儿童、理解儿童和重视儿童。

儿童是积极主动和有能力的学习者。教师要充分地信任儿童，真诚地倾听儿童，充分地发现儿童和理解儿童，与儿童建立起友好的关系。

陈鹤琴明确主张要充分地相信和重视儿童的主动精神和创造精神，提出："凡是儿童自己能够做的，应当让他自己做。凡是儿童自己能够想的，应当让他自己想。"② 幼教专家爱泼斯坦也提出，幼儿可以通过计划、工作和回顾来发展各种能力，如积极主动、独立解决问题、与他人合作、积累经验和技能等，她鼓励儿童自己去进行计划，认为计划可以让儿童获得多方面的发展，如"鼓励孩子们交流他们的想法、选择和决定；提升儿童的自信心和掌控感；引领儿童参与并专注于游戏；支持越来越复杂的游戏的发展；随着儿童的发展，他们的计划会变得更为复杂和详细。"③

在一日活动中，儿童非常期待能够自己做计划，自己做选择，希望有充足的机会和条件来表达自己的想法，希望自己能够被看见、被倾听。教师需要长时间地关注和倾听儿童，这将有助于教师全面和深刻地发现和理解儿童，有助于教师更加主动和有力地支持儿童的想法。如果教师能够充分地相信儿童和大量地倾听儿童，那么他们就会更近地靠近儿童，就更加有可能全面地理解儿童的想法、发现儿童身上的亮点并有效地支持儿童拓展自身经验。

与儿童建立起友好的、真诚的和充满活力的人际关系，对于教师来说是一个长期的和充满挑战的过程，而这一过程也能够给教师带来满满的职业幸福感和助人成长的成就感。有责任心且细心敏感的成人会在幼儿的早期发展中发挥重要作用。

幼教专家鲍曼等人指出："从众多不同理论视角的研究来看，支持性环境的特征

---

① [瑞典]达尔伯格，莫斯，彭斯. 超越早期教育保教质量——后现代视角[M]. 朱家雄，王铮，等，译校. 上海：华东师范大学出版社，2006：55—57.
② 陈鹤琴，著；陈秀云，柯小卫，选编. 陈鹤琴教育思想读本：活教育[M]. 南京：南京师范大学出版社，2012：13—15.
③ [美]爱泼斯坦. 学前教育中的主动学习精要——认识高宽课程模式[M]. 霍力岩，郭珺，等，译. 北京：教育科学出版社，2012：98.

之一就是有责任心且具有敏感性的成人参与儿童的发展。家长、教师和保育者根据儿童的能力并朝着拓展该能力的方向提供学习经验，一种富有挑战性而又能为儿童所掌握的经验才能促进儿童的发展。要做到这样，成人必须对儿童的个性及其发展特点非常敏感。"① 因此，教师要充分地信任儿童，坚定地相信儿童，更多地倾听儿童，更加主动地支持儿童的表现和表达。

（三）教育要满足儿童的基本需要

马斯洛提出：人的需要分为基本需要和特殊需要两类。前者"在某种可以察觉的程度上是由体质或遗传决定的"全人类共同的需要，具有似本能的特质，而后者则是"在不同的社会文化条件下形成的"各自不同的需要，如服饰、嗜好等。在《动机与人格》一书中，马斯洛将人的需要分为三大互相重叠的类别：意动需要、认知需要和审美需要。这其中他特别强调对意动需要的探索。

在他看来意动需要可以分为由低到高排列的五个不同层次。它们依次是：

(1) 生理需要。这是一种与个体生存有关的需要，包括饥饿、口渴、痛苦的逃避和性欲的紧张等。

(2) 安全需要。安全需要的直接涵义就是避免危险和生活有保障。他指出，儿童更喜欢一个安全的、可以预料的、有组织、有秩序、有法律的世界。

(3) 归属与爱的需要。人们会把友爱看得非常可贵，希望能拥有幸福美满的家庭，渴望得到一定社会和团队的认同、接受，并与同事建立良好和谐的人际关系。

(4) 尊重的需要。尊重的需要包括自尊、自重和为他人所敬重，如希望自己能够胜任所担负的工作并能有所成就和建树，希望得到他人和社会的高度评价，获得一定的名誉和成绩。

(5) 自我实现的需要。马斯洛认为自我实现需要"可以归入人对于自我发挥和完成的欲望，也就是一种使它的潜力得以实现的倾向。这种倾向可以说是一个人越来

---

① ［美］鲍曼，多诺万，勃恩兹，主编. 渴望学习：教育我们的幼儿［M］. 吴亦东，周萍，罗峰，刘红，译. 南京：南京师范大学出版社，2005：4.

越成为独特的那个人,成为他所能够成为的一切"。一个人能够成为什么,他就必须成为什么,他必须忠于他自己的本性。①

过去人们往往用金字塔理论来介绍和解释马斯洛所提出的不同需要层次理论,而事实上,这样的解释尽管能够给大家以直观明了的认识,但是也带来了新的可能的误解,即认为人的高级需要必须是在低层次需要满足之后才能产生。但马斯洛本人原来的解释却是新的需要是在前面的优势需要满足后逐渐出现的,这并不是一种突然的跳跃的现象,而是缓慢地从无到有的过程。比如说,当优势需要 A 仅满足了 10%,那么新的需要 B 可能还无踪影。然而,当需要 A 得到了 25% 的满足后,需要 B 就可能显露出 5%;当需要 A 满足了 75% 时,需要 B 也许将显露出 50%。因此,在马斯洛看来,基本需要的发展轨迹不是封闭的,而是交叠的。

(四)教师在儿童发展中有着不可替代的作用

关于教师的作用,过去曾有一个误解,由于过于强调学生的主动性,而忽视或贬低了教师的作用。教师的确不能替代幼儿的发展,但是教师在幼儿发展过程中往往发挥着关键的作用。教师通过环境创设、课程实施、评价幼儿和对幼儿进行教育指导等方式发挥着自己的独特作用。

维果斯基的最近发展区理论就很好地说明了教师的作用和价值。维果斯基认为,个体有两种发展水平。第一种水平是现有发展水平,这是由一定的已经完成的发展系统的结果而形成的心理机能的发展水平。第二种水平是指儿童在其自身发展水平还不能独立解决问题,却能借助成年人或其他具有相关知识的同伴的指导与合作达到解决问题的水平。这两种水平之间的差异,就是儿童心理发展的最近发展区。

过去一些人曾误认为最近发展区就是指儿童要"跳一下才能够得到的苹果"。其实,要让儿童达到新的发展水平离不开教师和有经验的同伴的帮助。我们现在越来越深刻地发现,正是在有经验、有智慧和有爱心的教师的协助下,儿童才能获得高

---

① 彭运石. 走向生命的巅峰——马斯洛的人本心理学 [M]. 武汉:湖北教育出版社,1999:108—110.

水平的发展。相反，错误的引导会妨碍儿童的正常发展。

当前，人们越来越重视教师的引导作用，强调教师要具有深刻的洞察能力和高水平的教育引导能力。人们越来越强调教师需要和儿童建立起良好的关系，强调教师可以通过改善自身的态度和言行来引导儿童获得更好的发展。这里，我们尤其需要关注在学前教育领域中产生广泛影响的皮克勒教学法（见表1.1）。

表1.1 皮克勒教学法的指导性原则

1. 全神贯注
2. 减慢速度
3. 建立信任关系
4. 成人与婴儿的合作关系
5. 自由移动
6. 不打断玩耍
7. 尊重婴儿给出的提示

在与婴儿相处时，大人需要全神贯注，这样就能在稍显忙碌和快节奏的生活中创造出宁静的时刻。大人不应把照料儿童看作是一件需要快速完成的任务，而应将之视为一个可以帮助成人跟孩子建立起联系、让孩子感受到爱和亲密的美好时刻。

（五）儿童的发展离不开适宜的环境

随着幼儿园课程改革的深入，人们愈加关注幼儿园教育的质量，关注幼儿的发展水平和过程，强调幼儿园的教育不仅要为幼儿将来的发展打下良好的基础，同时也要让幼儿现在就享有快乐而充实的幼儿园生活。在实现这一教育期望的过程中，幼儿园的环境，尤其是班级环境正发挥着愈加明显而独特的作用。

教育部颁布的《幼儿园教育指导纲要》也强调了环境的教育价值："环境是重要的教育资源，应通过环境的创设和利用，有效地促进幼儿的发展。幼儿园的空间、设施、活动材料和常规要求等应有利于引发、支持幼儿的游戏和各种探索活动，有利于引发、支持幼儿与周围环境之间积极地相互作用。"教育部颁布的《3—6岁儿童学习与发展指南》中提出："幼儿的学习是以直接经验为基础，在游戏和日常生活中进行的。需珍视游戏和生活的独特价值，创设丰富的教育环境，合理安排一日生活，最大限度地支持和满足幼儿通过直接感知、实际操作和亲身体验获取经验的需要。"

环境是"不说话的老师"，人的行为受到环境潜移默化的影响，在看似平淡无奇的环境背后其实隐藏着教育者和主流社会所持有的根深蒂固的文化观、哲学观和教育观。在瑞吉欧的教育工作者眼中，环境具有特殊的意义。他们把环境视为"一个可以支持社会互动、探索与学习的'容器'"。在瑞吉欧的教育中，环境是课程设计与实施的要素，环境是最佳的"记录"方式之一，环境是幼儿与幼儿、幼儿与成人、幼儿与物之间互动的关键性因素，环境是"第三位老师"。独特的环境也是幼儿园区别于小学的一个重要特征。①

我们可以从以下六个方面来优化幼儿园的班级环境。②

1. 营造良好的班级氛围。

什么样的空间能给人以安全、舒适、温馨的感觉？当我们步入班级活动室时，我们希望室内宽敞明亮，空气清新，光照充足，色彩和谐；有大量小空间的活动区域，各区域间过道通畅，区域内活动材料丰富，随处可见幼儿的作品；幼儿和教师都彬彬有礼，态度温和，面带微笑，做事专注，互相关心，友好相处。所有这些都属于班级氛围，其中人际关系是核心。

教师要努力营造良好的班级氛围，不断优化班级中的人际关系。专家们认为，关系是早期教育的核心，有了高质量的关系，幼儿会更容易走向成功和幸福，因为这样的氛围会让他们感到安全，能增加积极的行为，今后在社会性、良好习惯、数

---

① 张金梅. 谈谈环境的教育价值——从瑞吉欧环境创设获得的启示[J]. 学前教育研究，2002（1）：19—21.
② 毛曙阳. 优化幼儿园班级环境的若干策略[J]. 幼儿教育，2016（31）：38—41.

学和阅读等方面获得好的成绩。同时，人们也注意到，小年龄的幼儿尤其渴望获得教师和家长的积极情感回应，这种回应能够促进幼儿良好情绪和情感的发展。

此外，教师要在长期观察的基础上，敏锐地把握住教育契机，以恰当的方式支持幼儿通过亲身经历和体验获得经验与承担责任，让他们健康成长。适宜的氛围既能促进幼儿的发展，又不至于伤害幼儿，而由此带来的良好的早期经历会为幼儿以后的发展奠定良好的基础。

要真正地让环境成为吸引幼儿、让幼儿感到亲切的环境。专家认为，为了创设美观、吸引人且和谐的环境，我们不但要单独考虑各个设计元素，而且要将它们整合在一起考虑。

正如奥尔兹所说："为了设计美观，楼房或房间里的所有元素（包括地板、墙壁、天花板、垂直和水平的柱子、物品、形式和建筑细节），都应该被看作是整体相连的部分，而被雕刻、粉刷、悬挂及塑造，就像艺术家雕刻、粉刷以及塑造木头、黏土、帆布、纤维物和色彩一样。"在美观的环境里，每个元素都被用来创造美丽与和谐（Bartlett，1993）。环境要整洁且精心设计，并注重细节（Bartlett，1993）。此外，幼儿园里要有愉悦感官的事物。它们包括"令人愉悦的芳香、动听的声音、有趣的色彩、植物和动物（如小鱼和宠物）、变化的光线和阴影以及丰富的触觉经验"（Olds，2001）。①

2. 提供适宜的活动空间和材料。

实践证明，幼儿更喜欢在小空间内和小团队中活动，这会让他们更安心和更专注。因此，教师有必要以区域化的方式来规划班级活动室空间，如设置积木区、美工区、扮演区、认知区、科学区、生活区和图书区等。在进行这样的空间设计和安排后，班级活动室就会发生一些变化。提供丰富适宜的活动材料、激发幼儿的参与兴趣也十分重要。在各个活动区域中，要有丰富的材料，要有摆放物品的矮柜，活动要具有层次性和挑战性，教师要对幼儿进行观察记录和引导，适时地增添物品和设施等。

---

① [美] 布拉德. 0—8岁儿童学习环境创设 [M]. 陈妃燕，彭楚芸，译. 南京：南京师范大学出版社，2014：109.

3. 增强班级的规划感。

增强班级的规划感，既可以让幼儿一日活动更加安定有序，也有助于培养幼儿初步的规划意识和能力。在我们的实践研究中，教师在这方面有了新的进展。

例如，设置面向幼儿的作息时间表。作息时间表就像一张引导表，它让班级成员知道每个时间段大家应该做什么事情，这件事情要做多久，小朋友们和老师应该在什么地方。同时，这是一张面向幼儿的时间表，因此，可以做得很大，放在班级最显眼的位置，并配上幼儿自己的绘画作品或照片来加以说明和解释。

又如，制订班级公约和班级成员职责表。班级公约就是幼儿和教师共同讨论形成的全班都需要遵守的共同约定。有了这样的约定，幼儿就知道在班级中大家都要遵守什么，教师的期望是什么，小朋友们之间应该如何相处，等等。

再如，制作日历表。教师可以和幼儿一起制作一张清晰的日历表。这张日历表可以提醒班级全体成员现在处在一年中的哪个月份，今天是哪一天，并且标有今天是星期几，今天的天气如何，等等。日历表有助于强化幼儿的时间观念，在独立且有意义的环境中，幼儿可以慢慢地理解日历表上日期的含义。实践表明，日历表在稳定幼儿情绪和提高活动效率方面发挥了积极的作用。签到表能让幼儿体会到自己是班级团队中的一分子，而且有利于培养他们的责任感和坚持性。

4. 提高教师和幼儿的记录意识。

记录在班级环境中有着独特的意义和价值。在班级中，教师需要有记录意识和记录习惯。教师记录幼儿的活动信息，有助于提升幼儿的活动效果。比如，教师常常会组织晨谈，和幼儿一起聊聊班级计划以及班中发生的事情，但是一些教师往往缺少记录的意识，没有把这些信息有效地记录下来和利用起来。其实，系统记录这些信息正好可以帮助幼儿了解班级所经历的各种变化，并促进幼儿学习能力的提高。

5. 搭建幼儿展示自我成长的平台。

在班级中，教师需要为幼儿搭建各类支持他们发展的展示平台。教师可以采用多种方式和幼儿共同构建起不同的展示平台，以支持幼儿的表现和表达。

例如，成长墙。幼儿需要学会做人和做事，他们每天都在进步和发展，在日常生活中，他们良好的性格品行在悄然形成。因此，教师可以通过一种直观的形式来支持幼儿展现出自己的兴趣和想法。在成长墙上，教师可以为每个幼儿提供一样大小的展示空间，让大家通过绘画、照片和文字等看到孩子们的成长，看到他们一点一滴的进步。

又如，作品展示台。教师在矮柜上给每个幼儿提供一定的空间作为作品展示台，让幼儿展示平时在游戏中完成的各类拼搭作品，在作品展示台的旁边可以配上孩子们自己制作和装饰的姓名卡。

再如，个人展。每个幼儿都是爱画画的，他们画了很多作品，但是他们不大可能到专门的场所中去办自己的绘画展。教师可以尝试着给每个幼儿安排一次个人绘画作品展，有意识地在走廊上开辟出新的张贴空间，幼儿可以把自己挑选出来的绘画作品（包括在家里画的）张贴在一个长方形的大空间中。

6. 为家长提供与教师沟通信息的机会。

当前，教师越来越发现自己不能高高在上地指导家长，或单一地安排家长参与幼儿园的活动，而是要进一步加强与家长的沟通和交流，形成一种新的互惠的关系。家长有着丰富的与孩子交往的经验，有着帮助孩子健康成长的热切心情，而教师受过专业的训练，拥有专业知识，也积累了大量教育幼儿的经验。因此，双方应该相互交流沟通，开展高水平的合作。

在我们的实践研究中，教师采用各种方式为家长提供沟通信息的机会。例如，建立家长漂流书制度。家长漂流书有助于教师了解家长的想法，同时有助于提升家长的各种能力，如优化家庭关系的能力、控制自我情绪的能力、了解孩子的能力、配合幼儿园教育的能力、引导和管理孩子的能力、与别的家长相互合作的能力以及提高自身素养等。

幼儿园班级环境创设是一项复杂的系统工程，教师要充分认识到环境的教育意义。从某种意义上来说，教育就是一种环境的创造。幼儿园教师要积极创设安全、温馨、丰富而有挑战的班级环境，从而促进幼儿获得健康和谐全面的发展。

(六)学前期是习惯养成和能力发展的关键期

学前期的一个重要任务就是发展幼儿的良好品质,支持幼儿发展各种能力,帮助儿童形成良好的习惯。这其中,发展幼儿的责任感尤为重要。一般来说,责任感是一种自觉主动地做好分内分外一切有益事情的精神状态。有了这样的良好品质,幼儿就有可能成为一个独立自主和负责任的社会成员。

当前人们越来越重视通过多种途径来培养孩子们的责任意识。

第一,严格执行规划和时间表。在幼儿园里,每天的活动安排会以非常具体直观的方式呈现给幼儿,而且教师会非常严格地执行时间表。这样就确保了活动的效率,确保了各项活动的时间。例如,教师会通过图表和照片的方式将半天的日程计划贴在墙上,让每个人都知道上午的半天活动。教师把活动归纳为8项,即到达、上午的讨论、户外活动、故事阅读、探索活动、音乐或分享式讨论、午餐和再见。每天的活动内容和顺序都是相对固定的,这样既能发展幼儿的秩序感,也有利于形成一个安定的教学氛围。

第二,重视时间概念的建立。教师常常会在讨论区的墙上贴出本月的日历,在日历上会通过特殊的标记把当天的日期凸显出来。幼儿需要轮流来向大家介绍今天是星期几,昨天和明天是星期几。幼儿还要通过选择标志来说明今天的天气怎样,以及自己感觉如何。教师还会列出一张大表,在表里逐一填上数字,让大家知道今天是这个学期的第几天。这些做法都让孩子们以具体形象的方式感受到时间的存在。

第三,强化对班级规则的认识。通过认识规则,每个人都可以知道,自己在班级中可以做什么,不可以做什么。有的比较简单,只有三条,即确保自己的安全、尊重别人和富有责任感。有的比较多,有六条,即照顾好自己,友好对待别人,友好对待班级里的物品,在教室里轻声讲话,倾听别人的讲话,会包容别人和会分享等。幼儿还要知道在讨论时,自己应该遵守怎样的规则。例如,要眼睛看着讲话者、要举手发言、不要和旁边的人讲话以及手上不要拿着东西等。在学期初,教师会组织幼儿进行讨论,为什么要做到这几点以及如何做到这几点,让幼儿用自己的话来解释和理解班级的规则。

第四，明确每个人的分工和职责。在班级中，每个幼儿都有自己的分工。如，有的负责管理队伍是否整齐，有的管理文具，有的填写日历，有的负责照顾植物，有的负责敲风铃，还有的负责宣读班级规则等。平时，每个幼儿都要整理好自己的文件夹。在完成作业后，要自己在作业单上盖上今天的日期。这些活动不仅让幼儿有了职责和工作的体验，而且也让他们感觉到自己是班级的重要成员。

第五，让幼儿在自己选择的活动中感受责任和要求。在选择性活动中，幼儿需要事先选好要参加的活动，然后才能从事相应的活动。在此期间，幼儿不允许随便改变自己的选择。这样的安排，可以让幼儿定下心来从事自己所选择的活动，学会对自己的选择负责，也能保证所有幼儿能通过选择性活动完成一些固定的作业和训练，如绘画、书写和数学练习等。教育家蒙台梭利提出，儿童应该有一定的自我选择的权利，同时也有义务对自己的选择负责。她主张自我激励是培养孩子自尊心的最佳方法，而不是采取奖励和惩罚的手段。

（七）教师应支持儿童在丰富生动的生活和游戏中获得发展和成长

幼儿园的教育应当以生活为基础，应以游戏为基本活动。杜威认为，教育即生活，学校即社会。陶行知提出，生活即教育，在他看来，"生活与生活一摩擦便立刻起教育的作用。摩擦者与被摩擦者都起了变化，便都受了教育"。在幼儿园中，幼儿的生活和游戏是密切相关的，相互依存的。如果离开生活谈游戏，或者离开游戏谈生活，都难以让人们全面完整地认识和理解儿童的世界和发展规律。在这里，我们重点关注一下以下两个话题。

1. 在和谐教育与和谐生活的过程中促进幼儿身心健康和谐发展。

在幼儿园教育过程中，教育者应当知道，幼儿的学习与发展是一个持续和渐进的过程，每一个幼儿的发展速度和方式是不同的，每一个幼儿都应获得公平的机会和权益，应当通过科学的保育和教育，促进幼儿身心全面和谐发展。因此，幼儿园应当有效开展和谐教育，教育者应当把握和遵循儿童身心发展的基本规律和特点，营造尊重接纳、安全温暖、平等和谐和关爱支持的良好氛围，以多种方式让幼儿园生活和幼儿园教育更加健康和谐，创造出更加适宜的教育生态，不断提高人际关系的和谐程度。要以生活为基础，在生活中渗透教育，让幼儿的生活如清澈的溪流一样欢快地流淌，要鼓励幼儿不断地探索和发现生活中的美好与生动，要不断提升了解、倾听和理解儿童的能力。支持幼儿主动提升自身的素养和能力，让幼儿度过快乐而有意义的童年，为幼儿今后的可持续发展打下良好的基础。

2. 更加深刻地理解儿童游戏概念。

游戏是儿童生活和儿童教育中的一个重要内容，儿童对游戏充满了兴趣，教育者普遍认为，幼儿园应以游戏为基本活动。儿童游戏的内涵是丰富的，游戏在促进儿童全面发展方面具有着重要的意义和价值。

为深入理解儿童游戏，人们围绕儿童游戏的特征和概念进行了深入和全面的探讨。尽管为儿童游戏提出一个教科书式定义的努力是非常困难的，但是这样的思考和探索仍将有助于人们进一步深化关于儿童游戏的认识和理解。

在学习分析已有研究的基础上，笔者认为，我们可以从特征角度来理解和把握儿童游戏的概念，即儿童游戏就是：假想超越的、重过程的、有自身规则的、内部驱动的、创造可能的和健康愉悦的一类符合儿童年龄特征的活动。

这其中，假想超越意味着：在游戏中，儿童拥有假想的本领，有自己梦想，能够展开想象、超越现实进入到具有多种可能的梦想世界之中。在这一过程中，儿童们的假想是假的，但获得的体验却是真的。在游戏中，内在现实超越了外在现实，寻常事物有了新的色彩和新的意义。这种假想的、超越的、非真实的和非功利性的活动看似没有实际的功利价值，却蕴含了巨大的、潜在的发展价值，是无用之大用。在具有多种可能和挑战的情境之中，儿童会在积极的探索和行动中不断地构建和丰富自身的梦想世界。

重过程意味着：儿童在意的是游戏的过程，游戏的魅力就存在于游戏的过程之中。在游戏过程中，儿童进行反复练习和操作，提高动作的熟练度，积累经验，感受和体验职责，日渐成为有亲和力与责任心的社会成员。

有自身规则意味着：游戏本身有着自己的规则。游戏如同一件精心设计好的艺术品，有着自身的规定和规律，游戏者并非游戏的主体，一旦游戏参与者选择并进入了游戏，就意味着游戏参与者认同了游戏的内在规则，游戏者将在充分参与和充分表现的过程中体会到这一游戏的深刻含义。

内部驱动意味着：游戏的内部动机来自于儿童，儿童拥有选择的权利，儿童以自愿和自选的方式参与到游戏之中。儿童在参与游戏和退出游戏时有决定权和选择权，在如何展开和调控游戏的过程中也有自己的决定权和选择权。

创造可能意味着：游戏是一个创造、创新和不断调整的过程，儿童能够发展出更多的可能性，能创造出更多的变化和变式，从而最大限度地发挥出自己的主观能动性。

健康愉悦意味着：在游戏过程中，儿童能够获得各种健康积极的情绪和情感体验。当儿童以积极关注的态度参与了整个游戏活动之后，他们就能够体验到从高度紧张到瞬间放松之后那种轻松和惬意，能够体验到充分地自我展现之后的内心满足，能够感受到与同伴友好相处与共同合作的愉快，能够感受和发现生活中的美好，从而更加相信自己的能力。

儿童游戏本身具有着复杂性和深刻性，因此人们会在持续探索的过程中获得新的发现和启示。在理解和支持儿童成长的过程中，儿童教育工作者应更加深切客观地认识和理解儿童的游戏，全面了解和把握儿童身心发展和教育的基本规律，支持儿童成为主动的、有能力的学习者和探索者，充分发挥好各类游戏的积极作用，让儿童在充满梦想和生动有趣的游戏之中获得多方面的发展。

（八）更加重视幼儿的户外学习[①]

1. 全面理解户外环境及幼儿学习。

户外环境有着无穷的魅力，蕴含着丰富的学习价值，户外环境的范围也是十分宽泛的。人们应该以积极全面和包容悦纳的姿态来理解户外环境以及户外环境中的学习。

[①] ［美］班宁，沙利雯. 透视幼儿的户外学习［M］. 毛曙阳，译. 北京：中国轻工业出版社，2023：译者序. 有修改

我们认为，户外不仅指的是室外的各种空间和场地，如游戏场地、森林、草原、河流和大海等，而且包括那些介于室内和室外的各个过渡空间，如走廊和阳台等。同时，我们会发现大量的户外元素会以多种方式和样态渗透到户内环境中，如人们可以把户外的盆栽植物移动到室内，可以把一些树叶和花朵等自然物放置在室内，也可以在室内通过多种方式欣赏各种关于室外的图片。在清晨时分，我们可以打开窗户，呼吸来自户外的新鲜空气。当天空中飘起细雨时，我们可以坐在室内欣赏室外的景色。当柔和的阳光洒进室内时，我们也可以感受到太阳的温暖。在平时，人们可以采用多种方式来扩展资源，让孩子们能有更多的机会来接触自然世界。教师可以充分地分析和利用好自身身边的户外资源，最大限度地发挥好户外资源的价值和优势，哪怕仅仅是增加了一个小小的种植箱。教师所做的任何改善栖息地环境状态以及丰富附近动植物多样性的行为都可以有力地支持儿童的主动学习。

2. 教师可以从学习能力发展指标的角度来理解儿童的户外学习。

研究者指出，可以从早期学习标准和指标这一视角来深刻理解和把握儿童在户外环境下的学习和成长。[①]

这七个方面的标准和指标分别是：

关于好奇心和主动性的指标；

关于参与和坚持的指标；

关于想象、发明和创造力的指标；

关于推理和解决问题的指标；

关于风险承担、责任感和自信心的指标；

关于反思、解释和实际应用的指标；

关于灵活性和韧性的指标。

通过这样的指标体系，我们就可以细致地观察和评估儿童在户外的行为，就可以更加坚定地相信儿童完全能够在户外环境下获得深刻和全面的发展。

---

① [美] 班宁，沙利雯. 透视幼儿的户外学习 [M]. 毛曙阳，译. 北京：中国轻工业出版社，2023：16.

3. 户外环境有利于儿童的整体发展，户外环境是极其丰富和彼此关联的。

观察和模仿是人类最古老的一种学习方法，大自然始终是人类最好的老师。在户外的自然世界中，儿童能够以轻松自然的方式与丰富多样的自然世界进行交流和互动，从而获得整体和全面的发展。

研究表明，在支持幼儿和教师达到预定的发展和教育目标方面，自然世界是一个无与伦比的资源库。我们与其花费大量的时间争执我们最应该追求哪些特定的学习目标，倒不如让孩子们到户外去，并通过多种方式持续不断地支持他们的学习和成长。户外的自然环境极其丰富，这样的环境将有利于儿童展示自己的才能并获得进一步的发展。自然世界中充满着大量的和多样化的资源，有着无穷的魅力。幼儿本身就是人类的一个重要组成部分，人类是一种高级动物，地球上包括高级动物在内的所有生物都以各自独特的方式生机勃勃地生存在这个星球之上。户外环境有着得天独厚的优势，户外环境所具有的丰富性、复杂性、开放性和趣味性能够让幼儿更加深刻地理解自身和周围的世界，能够最大限度地支持他们的主动发展。户外环境不仅是复杂的，而且也是相互关联的。每一个事物都不是独自存在和发展的，总会与其他事物形成各式各样的密切关联。缪尔（Muir）就曾经发出过这样的感慨："当我们试图把某个事物单独挑选出来时，我们就会发现它与宇宙中的其他事物是息息相关的。"

4. 户外环境有利于发展儿童的表现能力和表达能力，能支持儿童的探索和游戏，可以激发儿童的想象力和创造力。

在户外环境里，儿童会展现出强大的自我表现能力和自我表达能力，他们会通过多种方式来展现和扩展自己的能力。研究表明，当孩子们参与到创造出新想法和探索出新方法等各种行为和行动中时，他们就会逐步认识到自己是独特的和有价值的。

户外环境与儿童的自我表现和自我表达之间有着密切的关联。在儿童健康发展的过程中，如果一个儿童拥有更多的自我表现、自我表达和自我表征的空间和机会，拥有更多展现自身才能和本领的平台与机会，那么，这个儿童就更有可能按照自己的发展节奏获得全面与和谐的发展。儿童将会在行动中反复地确认自己的独特性，知道自己是有价值的，这样他们就能够更好地发展健康的自我意识，就能产生出自豪感和自信心。

户外环境有助于儿童发展自身丰富的想象力和创造力。户外的自然环境是无比丰富的，那里有广阔的空间，有风雨雷电，有四季的更替，有丰富的动植物，有各种各样的物品，这些都将有助于发展孩子们的表现能力，有助于他们的探索和游戏，有助于他们萌发出丰富的想象力和创造力。

5. 教师的作用要恰到好处，教师要和幼儿建立友好的关系。

教师在儿童的健康发展过程中发挥着积极的作用。教师的作用应该是恰到好处的，教师应该给予儿童最小程度的指导和介入，要给予儿童适宜的支持和帮助。在户外，孩子们可以有大量的机会来发现和观察各类生活中的事物，可以关心照顾动植物，可以开展各类新的探索。在平时，教师要和孩子们建立密切而友好的关系，因为良好的关系将有助于孩子们的健康成长，有助于充分发挥好教师的影响和引导作用。

6. 教师应密切地观察儿童的户外学习，并且以生动的和详细的方式对活动的过程予以记录。

在平时，许多教师会被儿童的行为吸引，会自觉地观察和记录儿童的行为。教师观察的目的是什么呢？其实就是要通过收集各种信息，通过心与心的沟通，让教师能够更加细致深入地了解儿童，能够更加真切地认识和理解儿童。儿童是好学的，是独特的，是活力满满的。在这个过程中，教师要闭上嘴巴，竖起耳朵，全神贯注地倾听儿童，真诚地向他们学习，细心地观察他们的行为，认真地倾听并记录下儿童的想法。教师可以通过白描式和细心体悟式的方式来记录户外所发生的学习故事。教师要及时捕捉儿童生活中的微小时刻，并能通过这些细微的行为和情绪变化来感受儿童丰富的内心世界。作为旁观者的教师要敏锐进行发现和记录。可以说，只有对儿童充满了积极的期待，人们才会捕捉到各种美好的时刻，才会积极地发现和欣赏儿童的各种高光时刻。

7. 教师要因地制宜组织和开展好各类符合自身实际情况的户外学习活动。

人们需要在重视幼儿的户外学习方面达成共识。只有先形成了共识，我们才有可能建立起相互的信任，才能识别出当前的真实问题，才能共同思考并获得切实的发展和进步。经过多年的研究和实践，越来越多的人已经充分地意识到，儿童是积极主动和有能力的学习者。儿童是好奇的、好学的，充满了探究精神和创造精神。在儿童与他人的交往过程中，在儿童与周围环境的互动过程中，他们会显现出自己的能动性、独创性和差异性，会体验到自己的力量和价值，会真切地感受到自己的成长和进步。儿童的学习不仅会发生在户内，也会发生在户外。户外是儿童休息、运动和娱乐的地方，也是儿童主动探索和相互学习的重要场所。在支持儿童健康成长与和谐发展方面，户外环境发挥着积极和独特的作用。

教师要积极地向儿童学习，持续探索户外学习和儿童教育的内在规律。教师和家长是儿童的亲密陪伴者和密切支持者，同时也是儿童学习和模仿的榜样。与儿童朝夕相处的教师和家长不仅有着向儿童学习的天然优势和条件，而且有着从活力满满的儿童那里获取力量和信念的重要责任。儿童是人类迈向美好生活的重要希望，陪伴儿童的成年人在这一伟大的进程中肩负着重要的光荣职责。在陪伴、支持和引导儿童发展的过程中，人们越来越清醒地意识到，户外具有独特的教育价值，户外学习有其内在的规律。通过在有准备的和适宜的教育环境下进行各类探索，通过得到温暖而坚定的教育者的支持，儿童可以更加充分地发挥自身的潜力，会获得更好的发展，会成为更加非凡和出色的学习者。同时，孩子们回馈社会的可能性也会大大增加，他们会成为更好的父母或教师，他们会让这个世界变得更加美好。

（九）全面理解幼儿的学习特点[①]

1. 幼儿是有能力的学习者。

幼儿是有能力的，这种能力是与生俱来的，是十分可贵的。拥有能力并不断求

[①] 毛曙阳. 理解幼儿学习特点　提升教师专业支持能力［J］. 江苏教育研究，2023（15）：84—88. 有修改.

新是人类基本的生物特征，是人类的生存方式。为了生存，每一种生物都会主动地去适应环境。和其他动物相比，刚出生的人类显得更加弱小，其原生的"生物装备"十分单薄，常被视为是"一种有缺陷的生物"。但是，这种缺陷却让人类获得了一个新的优势，那就是更加具有学习能力和可塑性。德国哲学家博尔诺夫提出，"正是由于要通过较高的能力来弥补现存的缺陷，人成了'不断求新的生物'，成了虽不完美，但因此而能不断使自己完美起来的生物。"① 为了生存和适应环境，人类会在创造的过程中不断地自我更新和自我发展。会探索、会学习和会创造的特征会自然地显现于人的各个年龄段。精力充沛、兴趣广泛的幼儿对外部世界充满了好奇和想象，非常乐意去进行大量的尝试和探究。幼儿的未成熟性和依赖性让他们具有高度的可塑性。杜威提出："儿童的这种彻底的无依无靠性质，暗示着具有某种补偿的力量，……未成熟的人为生长而有的特殊适应能力，构成他的可塑性。"② 幼儿的能力也呈现出显著的差异性和多样性，他们有着不同的身体形态、气质类型、兴趣爱好、文化背景、潜在优势和发展路径。正因为存在这样的差异，他们的世界才会如此丰富多彩和神奇有趣。

2. 幼儿是兴趣导向的学习者。

在生活中，人们会发现，幼儿会格外关注自己感兴趣的事物。当幼儿沉浸于自己喜欢的活动中时，他们的专注时间会更长，尝试和探索的次数也会更多。幼儿的学习往往会跟着自己的兴趣走。幼儿对外部世界充满了好奇，充满了兴趣，总能在平常的生活中找到自己的兴趣点和生长点。在他们的世界中，总是充满着各种各样的惊讶和喜悦。

3. 幼儿是直接经验的学习者。

幼儿善于通过直接体验的方式来进行学习，乐意亲眼见到某个事物，愿意以动手动脑的方式来进行尝试和体验。《3—6岁儿童学习与发展指南》指出："幼儿的学习是以直接经验为基础，在游戏和日常生活中进行的。要珍视游戏和生活的独特价

---

① [德] 博尔诺夫. 教育人类学 [M]. 李其龙，等，译. 上海：华东师范大学出版社，1999：37.
② [美] 杜威. 民主主义与教育 [M]. 王承绪，译. 北京：人民教育出版社，2001：51—52.

值，创设丰富的教育环境，合理安排一日生活，最大限度地支持和满足幼儿通过直接感知、实际操作和亲身体验获取经验的需要。"皮亚杰提出，儿童在0—2岁期间处于感知运动阶段，主要依靠感觉和动作来适应环境，在2—6岁期间处于前运算阶段，主要依靠语言、模仿、想象、符号游戏和符号绘画等方式进行思维，他们的知识在很大程度上取决于自身的知觉。

4. 幼儿是模仿创造的学习者。

幼儿天生好模仿，会在模仿中进行学习和创造。好模仿是幼儿的天性，也是幼儿在自然状态下的一种主动学习。大人们会在生活中相互模仿和相互学习，幼儿更是天生的模仿家。幼儿会细心地观察和揣摩大人，会自觉或不自觉地重复大人的行为，会惟妙惟肖地模仿大人的语言、动作、表情和态度，他们就是大人的一面镜子。

5. 幼儿是热情积极的学习者。

幼儿对外界充满了积极的期待，会积极乐观地对待外部世界，渴望与他人建立起友好的关系。良好的关系能让大人们保持愉快的心情并积极地做事，对幼儿而言更是如此。博尔诺夫指出："幼儿需要在熟悉的可信赖的天地中安全地活动，这是一种天性。这种安全感对于儿童正常地发展是必需的。"[①] 幼儿在社会性和情感性上依附成人，而成人也对幼儿有着强烈的关心情感。社会性发展在幼儿的生活中居于重要的位置。良好的社会关系有利于幼儿安全感的建立，幼儿渴望与身边亲近的人建立起密切而温暖的关系。

6. 幼儿是游戏玩耍的学习者。

幼儿渴望能够自在地游戏和玩耍。通过游戏和玩耍，他们会获得巨大的想象空间和发展可能，会更加充分地自我表现和自我表达。在游戏和玩耍的过程中，幼儿可以不断地积累各种有意义的经验，自在地与他人进行交流，以最恰当的方式来平衡内心世界和外在世界，让自身获得最优化的发展。研究表明，游戏和玩耍能够支持幼儿更好地发展身体运动能力、社会交往能力、问题解决能力、情绪情感能力和

---

① [德] 博尔诺夫. 教育人类学 [M]. 李其龙，等，译. 上海：华东师范大学出版社，1999：42.

梦想创造能力。

(十) 更加强调教师要成为有准备的教师[①]

在学前教育高质量发展的背景下,人们越来越重视教师在支持儿童健康全面发展过程中所具有的独特作用。教师应如何更新观念,提高素养,让自己更好地成为一名有准备的教师呢?

1. 教师应在爱岗敬业方面有充分的准备。

(1) 热爱专业,具有坚定的教育理想和信念。

教师要充分理解学前教育所具有的重要价值,认识到教师在儿童健康发展中的重要作用,应热爱自己选择的事业和专业,爱岗敬业,具有坚定的教育信念。教师在教育事业发展中具有重要作用,"教师承担着传播知识、传播思想、传播真理的历史使命,肩负着塑造灵魂、塑造生命、塑造人的时代重任,是教育发展的第一资源,是国家富强、民族振兴、人民幸福的重要基石"[②]。《幼儿园教师专业标准(试行)》明确指出,幼儿园教师应当热爱学前教育事业,具有职业理想,践行社会主义核心价值体系,履行教师职业道德规范,依法执教。关爱幼儿,尊重幼儿人格,富有爱心、责任心、耐心和细心;为人师表,教书育人,自尊自律,做幼儿健康成长的启蒙者和引路人。幼儿园要注重教师职业理想与职业道德教育,增强教师育人的责任感和使命感[③]。《幼儿园保育教育质量评估指南》(以下简称为《评估指南》)也明确提出,幼儿园的教职工应当有坚定的政治信仰,能够按照"四有"好教师的标准履行幼儿园教师职业道德规范,爱岗敬业,关爱幼儿,严格自律[④]。因此,教师应当不断地提高认识水平,要充分认识到教师所肩负的重要职责,增强

[①] 毛曙阳. 成为有准备的教师 [J]. 早期教育,2023 (47): 18—21. 有修改.
[②] 中共中央、国务院. 关于全面深化新时代教师队伍建设改革的意见 [EB/OL]. [2023-04-21]. https://www.gov.cn/gongbao/content/2018/content_5266234.htm.
[③] 中华人民共和国教育部. 幼儿园教师专业标准 [EB/OL]. [2023-04-21]. http://www.moe.gov.cn/srcsite/A10/s6991/201209/t20120913_145603.html.
[④] 中华人民共和国教育部. 幼儿园保育教育质量评估指南 [EB/OL]. [2023-04-21]. http://www.moe.gov.cn/srcsite/A06/s3327/202202/t20220214_599198.html.

使命感和责任感，提高法规意识，不断坚定教育的理想和信念。

（2）立德树人，促进儿童健康全面发展。

教师要深入学习，要坚持教育为社会主义现代化建设服务、为人民服务，把立德树人作为教育的根本任务。《评估指南》强调，要"全面贯彻党的教育方针，落实立德树人根本任务，坚持保育教育结合，将培育和践行社会主义核心价值观融入保育教育全过程，注重从小做起、从点滴做起，为培养德智体美劳全面发展的社会主义建设者和接班人奠基"①。学前教育工作者要清醒地意识到，教育的根本在于立德树人，要不断提高自身的专业素养和专业能力，提高保教本领，支持儿童形成良好的行为习惯，促进儿童获得健康和全面的发展。

2. 教师应在树立和践行科学保教观方面有充分的准备。

（1）逻辑先行，全面规划儿童的发展。

教师应当不断地提高自身的系统思维和逻辑思考的认识与水平，在整体规划和系统构建方面有充分的准备，支持儿童获得可持续的发展。这里需要强调两点，第一，教师要有逻辑先行的意识，要系统全面地规划日常工作。在分析和解决问题时，教师应更多地思考问题产生的背景、问题的由来、解决问题的要点、行动的步骤和自身的收获，要能够围绕真问题提出切实有效的办法和策略。第二，教师应结合实际情况，围绕儿童的培养目标等关键问题进行深入思考。通常，我们会从德智体美劳全面发展的角度来思考培养目标，也可以从能力发展和习惯养成等角度来思考培养目标。《幼儿园工作规程》提出，幼儿园的任务是"贯彻国家的教育方针，按照保育与教育相结合的原则，遵循幼儿身心发展特点和规律，实施德、智、体、美等方面全面发展的教育，促进幼儿身心和谐发展"②。在实际工作中，教师应根据国家的整体要求，从儿童的年龄特点出发，结合实际情况对培养目标进行深入思考，这将

---

① 中华人民共和国教育部. 幼儿园保育教育质量评估指南［EB/OL］.［2023-04-21］. http://www.moe.gov.cn/srcsite/A06/s3327/202202/t20220214_599198.html.
② 中华人民共和国教育部. 幼儿园工作规程［EB/OL］.［2023-04-21］. http://www.moe.gov.cn/srcsite/A02/s5911/moe_621/201602/t20160229_231184.html.

有助于更好地落实目标，促进儿童的健康全面发展。

（2）相信儿童，支持儿童充分展现自身的才能。

儿童是积极主动和有能力的学习者。教师应通过多种方式支持儿童充分地发挥自身的潜能，全面地展现自己的才能。儿童有着巨大的发展潜力，在3—6岁期间的发展和变化尤为明显，他们会不断地释放和发挥潜能，展现出新的能力，给人们带来新的惊喜。在这一过程中，教师积极的陪伴和支持将有利于儿童更加充分地展现和发展自身潜能。

儿童的潜在能力体现在多个方面，这里我们重点关注以下三个潜能。

第一，儿童具有适应环境和创新学习的潜能。

从生物学的角度来看，人类是"一种有缺陷的生物"，刚出生的人类显得十分弱小，缺乏独立行走的能力，需要得到成人的照料，其原生的"生物装备"十分单薄。但是，这种缺陷和不足却让人类有了一个新的优势，那就是更具有可塑性。博尔诺夫指出："人原则上始终是需要教育的，因为人在整个一生中始终在向更新的阶段发展，而在这些阶段中又始终在产生新的学习任务。"[①] 可见，人类的显著特点是具有创造性，不断地自我更新和发展能力是人类的一种基本生存方式。儿童有着强烈的学习欲望和发展自身能力的渴望，对世界充满了好奇，乐意进行各种尝试和探究，儿童自身的未成熟性和依赖性让他们具有高度的可塑性。相对于其他高等动物，人类的学习更复杂，更具有可迁移性。杜威指出："人类学习一种动作，能够发展许多方法，应用到其他情境，从而开辟继续前进的可能性。更重要的是，人类养成学习的习惯，他学会怎样学习。"[②] 在杜威看来，儿童不是以毫无能力和毫无准备的方式来到学校中的，在接受教育之前，他们已经拥有了大量的本能，拥有了许多不教自会的能力。杜威认为儿童有四个基本的本能，即交流的本能、探究的本能、建造的本能和表现的本能。这些本能是"自然的资源，是未投入的资本，儿童的积极成长仰

---

① [德] 博尔诺夫. 教育人类学 [M]. 李其龙，等，译. 上海：华东师范大学出版社，1999：38.
② [美] 杜威. 民主主义与教育 [M]. 王承绪，译. 北京：人民教育出版社，2001：53.

赖于对它们的运用"①。教师要充分地信任儿童，支持他们运用和发展自身的本能，支持他们充分地展示和表现。正如陈鹤琴所说，"凡是儿童自己能够做的，应当让他自己做。……凡是儿童自己能够想的，应当让他自己想"②。这就意味着，教师和家长应鼓励儿童自己想办法，自己去尝试，不要过多地限制儿童，也不要代替儿童去做事。《3—6岁儿童学习与发展指南》提出："幼儿的学习是以直接经验为基础，在游戏和日常生活中进行的。要珍视游戏和生活的独特价值，创设丰富的教育环境，合理安排一日生活，最大限度地支持和满足幼儿通过直接感知、实际操作和亲身体验获取经验的需要。"③《评估指南》也强调教师要"充分尊重和保护幼儿的好奇心和探究兴趣，相信每一个幼儿都是积极主动、有能力的学习者，最大限度地支持和满足幼儿通过直接感知、实际操作和亲身体验获取经验的需要"④。儿童是独特的和有能力的，有着强大的生存能力和适应能力，与生俱来的依赖性能让他们最大限度地获得来自成人的帮助和支持。实践证明，在交往过程中儿童会表现出较高水平的觉察能力和应变能力，会通过精心模仿和积极回应等方式来积累经验，能够以最佳的节奏和方式来适应生活和融入社会。

第二，儿童具有发展兴趣和解决问题的潜能。

每个人都有着自身的兴趣和倾向，都会面临各式各样的难题和挑战，儿童也不例外。在成长过程中，在好奇心和想象力的驱动之下，儿童会不断发展自身的兴趣，会以多种方式展现自身的兴趣和意愿，也会想办法去解决自己所面临的各种问题。丰富的幼儿园生活能够为儿童发展问题解决能力提供出大量的机会和条件，教师要把握好的时机，支持儿童积极地进行探索和尝试，在生活和游戏中积累问题解决的策略，更充分地相信自身的价值和能力。

---

① ［美］杜威. 学校与社会·明日之学校［M］. 赵祥麟，任钟印，吴志宏，译. 北京：人民教育出版社，2005：47.
② 陈鹤琴. 陈鹤琴全集［M］. 南京：江苏教育出版社，2008：66.
③ 中华人民共和国教育部. 3—6岁儿童学习与发展指南［EB/OL］.［2023-04-21］. http：//www.moe.gov.cn/srcsite/A06/s3327/201210/t20121009_143254.html.
④ 中华人民共和国教育部. 幼儿园保育教育质量评估指南［EB/OL］.［2023-04-21］. http：//www.moe.gov.cn/srcsite/A06/s3327/202202/t20220214_599198.html.

第三，儿童具有自我表现和自我表达的潜能。

儿童喜欢表现和表达，期望获得充足的展示机会和平台。在学习过程中，儿童会以持续建构和寻求平衡等方式来吸收新的知识，会通过自我表现和自我表达等方式巩固和深化自己的认识与理解，会在动手动脑的过程中拓展自身经验。当儿童期待成为烹饪高手时，他们就会在"娃娃家"的炒菜游戏中多次练习和重复；当儿童感受到春天的美好时，他们就会借助画笔进行描绘和记录。儿童还会通过泥塑、身体动作和语言等多种方式展现自己对外部世界的认识和理解。通过大量的才能展现，通过丰富多样的表现和表达，儿童就能增添信心，不断提升自己的能力和水平。在这一过程中，和儿童朝夕相处的教师发挥着显著的作用。如果教师能够充分信任儿童，能够把大量的解决问题的机会留给儿童，那么儿童就会感受到被信任，就能在过程中积累丰富的经验。因此，教师需要进一步探寻儿童的发展规律，充分地相信和理解儿童，善于用积极的眼光来发现和肯定儿童的努力、进步和变化。

3. 教师应在创设环境和共建和谐生活方面有充分的准备。

（1）规划环境，为幼儿提供充足的空间、时间和材料。

人们的行为很容易受到环境的影响，儿童更是容易受到环境的暗示。环境是重要的教育资源，教师应通过环境的创设和利用，有效地促进幼儿的发展。在瑞吉欧教育体系中，环境被称为是第三位老师，发挥着重要的支持作用。环境对于儿童有着深刻的影响作用，教师需要在创设更加适宜的教育环境方面有更多的思考和举措。第一，以儿童为本，让儿童成为环境的拥有者和建设者。儿童可以根据自己的想法和需要，主动地进行设计和建设，通过多种方式让自己所处的环境越变越好，越变越生动。第二，凸显出环境的安全整洁和布局合理。专家指出，"一个用于认知发展课程的教室需要一个宽敞的场所——一个供具有主动性的幼儿进行活动和置放大量的材料和设备的场所。教室中需要有幼儿自己能看到和易于取放物品的贮藏空间。幼儿需要有便于他们通过自己的活动来学习的空间，一个便于他们移动、建造、分类、创造、摊放物品、制作、实验、装扮、和朋友一起活动、存放自己的物品、展现作品以及便于个别幼儿、小组和全班集体活动的空间"①。教师需要在空间设置、时间安排和物品提供方面有充分的思考和规划，增强环境的规划感和秩序感，这将有利于一日活动的安定，有利于提高儿童的规划、整理和展示能力。第三，凸显出环境的温馨舒适和亲切自然。环境中应具有浓郁的生活气息，能让儿童感受到被关爱和被信任，有归属感，能充分感受到班集体的温暖和活力。适宜生动的教育环境可以最大限度地吸引儿童，让儿童在有趣的活动中积累经验并获得成长。

（2）欣赏儿童，合力共建共享和谐愉快的幼儿园生活。

生活在儿童发展的过程中具有重要作用。儿童对世界充满好奇，他们热爱生活，会自觉地充实自己的生活，会用各种方法把自己的生活变得更加丰富和有趣。在杜威看来，教育是生活的过程，而不是将来生活的预备。张雪门指出，"生活就是教育，五六岁的孩子们在幼稚园生活的实践，就是行为课程。……这份课程包括了工作、游戏、音乐、故事等材料。……这份课程完全根据于生活。它从生活中来，从生活而开展，也从生活而结束"②。仓桥物三提出，"要以幼儿的生活为基础，首先必须考虑将幼儿园工作的重点放在其生活形态上。……我们的重点应放在让生活发挥出充足的生活气息这一社会性的问题上。……要相信幼儿生活本身的自我充实能力，并要尽可能地发挥这方面的能力。所谓幼儿园，就是能够充分发挥幼儿生活的自我充实能力的环境，以及对此来说必需的幼儿的生活活动能够进行的地方"③。马拉古奇指出，"我们把幼儿园看作一个完整的生命有机体，是一个成人与幼儿可以彼此建立关系和分享生活的地方"④。大量实践证明，一个好的幼儿园必然会重视生活的价值，必然会鼓励儿童在充满自然生机和人文关怀的生活环境之中充分地发展自我充实的能力。胡华提出要构建具有回归自然、回归传统、回归生活、回归儿童鲜明特

---

① [美]霍曼，班纳特，韦卡特. 活动中的幼儿——幼儿认知发展课程[M]. 郝和平，周欣，译. 北京：人民教育出版社，1995：3.
② 戴自俺，主编；钱玲娟，金恒娟，副主编. 张雪门幼儿教育文集（下卷）[M]. 北京：北京少年儿童出版社，1994：1088.
③ [日]仓桥物三. 幼儿园真谛[M]. 李季湄，译. 上海：华东师范大学出版社，2014：18—19.
④ [美]爱德华兹，甘弟尼，福尔曼. 儿童的一百种语言（第3版）：转型时期的瑞吉欧·艾米利亚经验[M]. 尹坚勤，王坚红，沈尹婧，译. 南京：南京师范大学出版社，2014：152.

性的"生活化课程",她认为,"生活是人通过内化外部各种因素的影响而存在、发展并实现价值的能动的过程。……儿童的课程应该从生活中来,在生活中进行,并帮助儿童将经验应用到生活之中去。生活是教育的起点,亦是教育的归宿。教育应以人的生活为立足点,以人与世界关系的改善为指向,构建整合向生活世界回归的教育体系"①。因此,教师需要以欣赏和肯定的态度对待儿童,形成发展共同体,共建共享和谐愉快的幼儿园生活。

4. 教师应在回应和支持儿童方面有充分的准备。

(1) 倾听儿童,以尊重的态度来理解儿童的想法。

教师应当更加主动地倾听儿童,充分地表现出对儿童的尊重和理解。什么是倾听?倾听就是一种认真、专注和充满良好期待的聆听,意味着一种来自教师的关心,意味着教师正在以宽容和接纳的态度来回应幼儿的想法。海德格尔将关心描述为人类的一种存在形式,他认为,关心既是人对其他生命所表现的同情态度,也是人在做任何事情时严肃的考虑。关心是最深刻的渴望,关心是一瞬间的怜悯,关心是人世间所有的担心、忧患和苦痛。我们每时每刻都生活在关心之中,它是生命最真实的存在②。教师要以真诚的态度来倾听儿童,养成倾听的习惯,主动地靠近儿童,更加具体地了解儿童的各种想法,精心观察和细心揣摩儿童的各种行为,深刻理解儿童极其丰富和生动的内心世界。这样一来,儿童就敢于进一步表现和表达,就能够产生安全感和信任感,就能在表现和表达的过程中增添信心,养成良好的行为习惯。

(2) 回应儿童,以正面引导的方式与儿童进行交流。

教师应当积极地回应儿童,以多种方式与儿童进行积极交流。

首先,教师要善于和儿童进行平等的交谈。苏格拉底非常擅长通过问答的方式与他人讨论各种问题,人们把这一方法称为"谈话法"。苏格拉底在与别人谈话前会先表示出自己的无知,然后再向对方请教,通过一步步的对话和讨论使得谈话不断

---

① 胡华. 幼儿教师的教育哲学观——通向幸福的教育之道 [M]. 上海:复旦大学出版社,2022:66—67.
② [美] 诺丁斯. 学会关心:教育的另一种模式(第 2 版) [M]. 于天龙,译. 北京:教育科学出版社,2014:33.

深入。他认为真理存在于人的心中，通过谈话的方法就可以将遗忘的真理再现出来。在日常活动中，教师要耐心倾听儿童，以步步深入的方式与儿童进行交流，鼓励儿童大胆地说出自己的想法。

其次，教师要通过正面引导的方式来回应和支持儿童。教师要与儿童建立并保持密切友好的人际关系，充分肯定儿童的良好行为，支持儿童信心满满地进行各种探索、发现和创造。再次，在长时间观察了解的基础上，根据实际情况，教师可通过多种方式来支持和协助儿童获得新的发展。

教师的回应和支持应是多层次的，是恰到好处的，是最低限度的。在教育过程中，教师对儿童的支持往往体现在一日活动的各个环节之中，既可以体现在日常生活和游戏活动之中，也可以体现在个别交流和集体活动之中。当儿童向教师寻求帮助时，教师要耐心倾听，可提供出多个解决问题的方案让儿童选择，鼓励儿童靠自己的力量来解决问题。当儿童有不适当的行为时，教师需发挥好提醒和监督的职责，让儿童感受到规则的制约作用，学会自我调整，逐渐养成良好的行为习惯。这样一来，教师恰当的回应不仅可以支持儿童的主动探索，而且也能让儿童感受到来自教师的关心和接纳。

面对具有独特能力的儿童，面对不同的教育情境，为了让儿童健康全面地发展，为了真正做到用专业守护童年，为了促进学前教育的高质量发展，教师需要持续更新观念，不断提升专业素养和能力，成为更加有信心和有准备的教师。

第二章　幼儿园教师的观察记录写作

观察记录能够让教师对幼儿产生真实、完整的认识和理解，增进对幼儿年龄特征和发展轨迹的了解，能够让教师更加原原本本地认识儿童。

第一节 教师观察记录的概念和价值

一、观察记录的概念

观察记录指的是教师对儿童行为的观察和记录，是一种通过识别和记录幼儿的具体行为来评价幼儿成长和发展的手段。观察是"感知的过程"。通过主动的观察可以达到预期的目标，通常是多个目标，教师可以更好地理解幼儿，了解幼儿的需求和兴趣点，及时掌握幼儿的变化并实施相应的措施；教师和团队通过观察可以确定幼儿的学习和发展过程是否得到了有力的支持；观察可以帮助幼儿父母和教师相互之间深入地探讨幼儿的学习和发展过程。观察之后的记录能够让幼儿的行为、参与的项目、体验及学习和发展过程一目了然，能让人"回忆"起幼儿园生活的过往；能促使教师、幼儿和家长进行自我反思并交流想法，引导人们以幼儿为中心制定教育计划和推进教育工作；人们还能够以直观感知的方式了解教育工作的质量。① 通过有效的观察，教师可以了解幼儿的需求、生理和动作、情绪和情感、语言和认知发展以及人际关系状况。借助于观察记录，教师也可以对幼儿发展形成更为清晰的印象，修正自己一些仅凭记忆而造成的误差。

教师对幼儿的了解主要是依靠日常的观察所得的。观察是研究者在自然情境下，直接用自己的眼睛、耳朵等各种感觉器官去感知观察对象的手段。孔子十分重视观察，而且在他看来，观察应该是动态的、整体的和全方位的。他认为观察的要点在于："视其所以，观其所由，察其所安。人焉廋哉？人焉廋哉？"其大致的意思就是：要了解一个人，那么就要看一看这个人做了哪些事情，了解这个人做事的目的是什

---

① ［德］费纳科斯. 德国学前儿童档案袋工具［M］. 陆颖如，译. 上海：华东师范大学出版社，2022：18—19.

么，知道这个人安心于做什么事情。那么，这个人的内心怎么能掩盖得了呢？这个人的内心怎么能逃避得了呢？荀子对如何观察、学习和实践也进行了深入分析和思考。他认为："不闻不若闻之，闻之不若见之，见之不若知之，知之不若行之，学至于行之而止矣。"其大意为：没有听到不如听到，听到不如见到，见到不如知道，知道不如去实践，学习的终点是实践，实践了就明白了。也就是说，最好的学习方法就需要学习者把自己的全部身心和所有感官都投入到学习之中。

很多的教育家和研究者都十分重视对儿童的观察和记录。著名的教育家陈鹤琴先生以自己的长子为研究对象，进行了从出生起共808天的连续跟踪观察和实验，并加以系统研究，开创了中国幼儿观察的先河。

苏霍姆林斯基为3700多名学生撰写了观察记录，他的很多教育观点就来自于自己的观察记录和反思。根据自己的亲身经历，他给教师提出了宝贵的建议：凡是引起你注意的，甚至引起你一些模糊的猜想的每一个事实，你都要把它记入纪实簿里。积累事实，善于从具体事物中看出共性的东西——这是一种智力基础，有了这个基础，就必然会有那么一个时刻，你会顿然醒悟，那长久躲闪着你的真理和实质，会突然在你面前打开。①

著名的心理学家皮亚杰也在自己的研究中大量运用了观察的方法，他曾用自然观察法对自己的三个孩子做过成百上千的大量辛苦的观察记录。以下是一则他关于婴儿对因果关系认识的观察记录②：

在1岁6个月（8天）时，雅克琳坐在她妈妈旁边的一张床上，我在雅克琳对面一侧的床底下，而且她没看到我，也不知道我在房间里。我将一支其中一端系有一把刷子的棍子伸到床上，并摇摆棍子。雅克琳对这一景象十分感兴

---

① ［苏］苏霍姆林斯基. 给教师的建议（下册）［M］. 杜殿坤，编译. 北京：教育科学出版社，1981：312.
② 转引自：［美］米勒. 发展的研究方法（第二版）［M］. 郭力平，等，译. 上海：华东师范大学出版社，2004：241.

趣：她说"棍子，棍子"，并十分专注地观察这种摇摆。在某一时刻她停止对棍子的这一端的注视，并且显而易见地试图了解其中原因。然后，她试图觉察棍子的另一端，为此她倾向她妈妈的前面，然后倾向她妈妈的后面，直到她看到了我。只是她不再表现出惊奇的神态，似乎她知道了我正是该景象的原因。

观察是教师了解幼儿最为有效的一种手段和方法，能让教师收集整理到大量的第一手资料，从而帮助教师作出判断和决策。观察不仅是一种研究方法，也是一种重要的评价儿童的手段。观察并记录儿童的能力往往是教师的一个弱项。很多教师并不明了观察的目的和观察中要把握的客观性原则，对观察记录要么是敷衍了事，要么是写得过于主观和简略。"从我国当前幼儿园课程建设和发展的需要来说，以往的师范教育中缺乏的主要知识是观察儿童与课程设计。""为什么观察儿童那么重要？我们认为所谓了解儿童，从本质上说不是了解书本里的儿童，而是了解自己面对的活生生的儿童。这是一切教育的真正起点。幼儿教师在工作中了解儿童，主要依靠的不是记忆，而是现实的感知。因此，对幼儿教师需要补的重要课程之一就是观察。补充观察知识是完善幼儿教师知识结构的重要任务。这也是为什么近年来很多幼儿教育研究人员大力倡导科学观察的重要动因。"[1]

目前，越来越多的教师认识到了观察记录的重要价值。在平时，教师会收集整理大量的观察记录，幼儿园的管理者也会经常开展关于观察记录的讨论会，在一些省市级的幼儿园教师教学基本功竞赛中也会把教师的观察记录能力作为一项重要的评比内容。事实上，教师们由于长期处于教学一线，有大量的机会和儿童、和家长在一起，因此他们具有高度的敏感性，这有利于他们有效地收集资料和提高观察儿童的能力。

---

[1] 虞永平. 生活化的幼儿园课程 [M]. 北京：高等教育出版社，2010：214.

二、观察记录的价值

（一）观察记录有利于教师深化对幼儿的理解

观察记录能够让教师对幼儿产生真实、完整的认识和理解，增进对幼儿年龄特征和发展轨迹的了解，能够让教师更加真切地认识儿童。观察可以给教师带来大量的信息，这些信息能帮助教师了解幼儿在自己的努力下和在别人的帮助下最终可以达到怎样的水平。

游戏中的幼儿往往显得十分放松和真实，通过观察，教师可以更深入地了解儿童的真实情况和真实想法。游戏时间是教师洞察了解儿童内心世界的最好时机。游戏中儿童们会表现得比平时更加出色和自然，同时在游戏中他们也是非常真实的，与成人不同，他们往往会不假思索地立刻表现出自己的真实情绪体验。

通过观察儿童，教师可以了解儿童的兴趣和探索的风格与方式。教育的根本目的之一就是要不断加深成人对儿童的理解。所有儿童都有自己的特点。要满足儿童的个体需要，就必须认识到儿童之间的差异并承认儿童有权利得到尊重。[①]

教师可以知道自己设计的活动是否符合幼儿的需要，是否受到幼儿的欢迎。养成观察和记录的习惯有助于教师日常资料的积累，有助于提高教育的效益。教师只有充分地尊重儿童，关注儿童，通过观察不断地搜集、积累、分析所获得的资料，才能对儿童有更加准确和充分的了解，才能使自己的教育行为建立在事实的基础上，从而进行恰当的、有针对性的教育。

（二）观察记录有利于教师的反思并提高教师支持幼儿和指导幼儿的水平

观察记录为教师的反思提供了真实和有力的素材。借助于观察记录，教师能够很好地反思自己的教育教学行为，进一步优化自己的知识结构。很多教师平时忙于

---

① ［英］利奇. 观察：走近儿童的世界［M］. 潘月娟，王艳云，译. 北京：北京师范大学出版社，2008：1.

备课和上课，忙于准备教学材料，较少反思自己的教育行为。通过观察和记录幼儿的行为，教师能够以人为镜，在幼儿身上看到自己教育教学的影子，可以更多地反思自己行为的适宜性，更加深刻地做自我分析和经验总结，有利于教师写出高水平的教育心得和教育故事。

观察记录有利于教师针对性地选择支持幼儿发展的策略，有利于教师进一步改进教学，提高课程的决策能力。有了大量翔实的观察记录资料，有了健全的观察记录机制，有了坚定的观察记录的意识，那么教师便可以此为基础，有针对性地选择出最为适宜的支持幼儿发展的教育策略。在安排集体活动内容和调整环境材料之前，教师就会联想起自己平时的观察记录。如果教师通过观察发现孩子们的语言能力较强，那么就可以努力为孩子的语言发展提供更多的空间与可能。教师可以让孩子在语言区用录音的方法听听自己讲的故事。如果教师发现孩子们在数学区进行操作时感到困难，那么教师就可以尝试和孩子一起来商议如何调整区域材料。教师可以在数学区提供不同颜色的瓶子来降低儿童数数的难度。有的教师通过观察和记录发现幼儿在科学区对静电现象十分感兴趣，于是就通过提供更多的材料（如梳子和不同的笔）让幼儿发现许多物品在经过摩擦后都会产生静电现象。

（三）观察记录是教师的一项基本专业技能

实践证明，教师观察和记录的能力是可以通过训练来获得提高的。通过训练，教师能够在较短的时间内迅速地对幼儿的行为进行详细的记录和简短的分析，能够提高教师思维的敏捷性和逻辑性。观察和记录能力是幼儿园教师必备的专业素养之一，是区分教师专业化发展水平的重要指标。研究表明，新手教师和专家型教师的一个重要区别就在于是否具有观察意识和观察能力。专家型教师不会冲动地作出教学决策，而是客观冷静、全面深入地观察和倾听幼儿，然后依据观察到的信息理性地作出判断和行动。通过观察，教师可以获得有关幼儿发展与教育的实践知识，优化自身的知识结构，促进自身的教学反思，从而推动自己的专业化发展。美国学者丽莲·凯茨就把培养教师的观察能力视为帮助教师从新手成长为专家的必要条件和重要途径。

第二节 如何做好观察记录

一、客观真实地观察倾听和记录幼儿的行为

所谓科学有效的观察与记录就是要认真地观察倾听，客观地进行描述，记录下儿童当时行为的具体表现和出现的频率。教师的描述过程要尽可能细致些，要做到能让不在现场的人通过你的记录能够看到当时的鲜活场景。当前，人们在主要依靠笔头记录以外，也延伸发展出了录音和录像等新的有效手段来记录幼儿的行为。

研究者指出，记录的观察材料应该能够为教师的教育指导和决策提供必需的数据。一般来说观察资料要满足七个方面的条件：

1. 系统、有逻辑；
2. 详细；
3. 真实；
4. 准确；
5. 非主观判断、无偏见；
6. 得到使用许可；
7. 保密。

在观察前制订好观察的表格也能有效地提高观察的效率。在表格中至少要有以下信息：

1. 观察的日期；

2. 观察者的姓名；

3. 观察中用来指代儿童的名字；

4. 儿童的准确年龄和性别；

5. 观察的起止时间；

6. 对场景背景的简单描述；

7. 关于实际观察的记录或描述；

8. 评价；

9. 建议。

教师对幼儿的观察和记录应当是越详细越好。教师基于自身的职责，往往缺少长时间专事进行观察记录的机会和条件。因此，有学者建议教师可以进行有自身特色的观察和记录。教师可以将幼儿一天在教室中所发生的主要事情记下来，如集体活动的进行状况及结论、幼儿间的互动及合群性发展、幼儿的兴趣或新点子、幼儿的情绪和健康状况及突发事件等等。

具体而言，观察记录可以包括六个方面：

1. 记录幼儿在一般例行性活动中的行为表现；

2. 记录幼儿使用教具、教材、玩具和其他游乐器材的情况；

3. 记录幼儿语言发展的情况；

4. 记录幼儿和其他幼儿之间的相互关系；

5. 记录幼儿与成人间的关系；

6. 记录特殊问题幼儿的行为。[①]

由此看来，教师可以根据自己的实际情况来开展有效的观察和记录。

另外，需要强调的是，即便教师对幼儿进行了客观的观察和记录，然而由于每个人的角度、背景和立场不同，也会导致描述上的差异。亚罗和威克斯勒就认为使用人类观察者作为测量工具具有一定的利弊，"尽管非常老练，但是按照某些

[①] 陈娟娟，等. 新手老师上路啰！——幼儿教师入门必读［M］. 南京：南京师范大学出版社，2003：152—155.

标准，人类观察者是一种粗劣的科学工具：没有标准化，没有既定的口径，总是不能一致或不可靠。弥补这些不足依靠的是人类具有特别的敏锐性、灵活性和严谨性等能力。面临的挑战是当我们充分运用人类观察者所具有的辨别力时，如何进行规范的观察。"①

例如，有研究者就认为不同的观察者就同一场景的观察结果会截然不同。"我们当时决定由三个人同时观察一个小组孩子的活动。大家在一个统一的记录表格上记下各自观察的结果，这个表格的格式是这样的：每个孩子一格，记录他们的言语和行为；一格是教师的观察结果；最后一格是解释。每个老师对同一场景的观察结果截然不同。用这种方式记录文件使我们比以往任何时候都更清楚地意识到我们看到的东西毫无客观性可言。我们意识到这其实是一种解释，我们看到的只是我们原来准备去看的东西。只有通过与别人进行对话才能克服这种无法避免的过多的主观性。我所做的笔记能够使我参与到这种讨论中来，把我的解释提供给别人参考。通过这种方式我们创造了一个母体，而通过这个母体我们能够理解事物的本质。我们看到的有时也许不是真的，但是，渐渐地，我们学会一点一点去了解。"②

的确，每个观察者独特的视角都有其自身的价值，理论研究者的视角和实践研究者不同的视角都值得珍惜，尤其不应该用专家的观点和解释去替代一线教师的观点和解释。而通过有效的交流和讨论，大家都会在原有的认识基础上有新的收获。

通常来说，幼儿园教师可通过三种方法来进行观察和记录，即叙事观察、图表式观察和取样观察。

（一）叙事观察

这是最常用的一种方法，观察者可以速记下事件发生时的一切。这一方法中包

---

① 转引自：[美] 米勒. 发展的研究方法（第二版）[M]. 郭力平，等，译. 上海：华东师范大学出版社，2004：100.
② [美] 卡德威尔. 把学习带进生活——瑞吉欧学前教育方法 [M]. 刘鲲，等，译. 上海：华东师范大学出版社，2006：229.

括结构化记录、非结构化记录、针对个别儿童的记录、日记和快照式观察。观察者可以对幼儿的行为进行最丰富的描述和记录。这一观察可以有效地提高教师的观察和判断能力,是训练教师观察能力的一个很好的方式。在看似索然无味的观察中耐心地等待和记录,能够让教师真正地静下心来,学会关注儿童行为的每一个细微之处。

教师可以在事件发生后进行客观的记录。在观察之前,教师要制订良好的计划。在班额为30人的班级中,如果每天记录6名幼儿,那么一周下来教师可以针对30名幼儿完成一轮记录,一个月之后,每名幼儿就会有4次轶事记录。这些资料将有助于教师对幼儿的发展形成一个概要性的认识。

根据不同的观察目的,教师可以在不同的场合进行轶事记录。如教师希望了解幼儿在社会互动方面的发展,就可以在户外游戏或区角活动时记录幼儿的行为;如教师希望了解幼儿的饮食习惯,就可以在午餐或点心时间进行记录。

在进行叙事观察和记录时,教师要注意把握好以下几点:

(1) 要准备好尺寸适宜的本子(或纸张)和一支书写流畅的笔。

(2) 要在记录本(或纸张)上写上幼儿的姓名、观察的日期和天气情况。

(3) 要对观察的背景作简单和必要的说明。如说明某某某是刚刚从别的幼儿园转来的,情绪有些不稳定。又如,由于明天就要放假,一些孩子的情绪显得十分兴奋等。

(4) 记录时要以事实记录为主,而不要过多地写下自己的分析和评论,甚至通篇都是自己的观感。教师要客观地记录当时发生了什么事情,幼儿表露出了怎样的情绪,幼儿与他人相互交往的情况如何以及幼儿的动作和语言能力发展情况。

(5) 要尽可能详尽具体地进行记录,要在短时间内把尽量多的细节记录下来,如可直接把幼儿当时的原话和动作表情记下来。

(6) 要多记录幼儿的优点和进步,而少记录幼儿的缺点和不足。要善于通过对积极和良好行为的强调来促进幼儿的健康发展。有了大量的轶事记录,教师就会对幼儿有更多的认识与了解。

下面是一位幼儿园教师记录的典型的观察案例:[①]

一天早晨,一共有4个宝宝正围坐在桌子边玩水果拼图,3个男生,1个女生。男生甲说了一句:"这是草(chǎo)莓。"小女生马上就转过脸对他说:"你说得不对,不是chǎo莓,是cáo莓——!"表情严肃,态度认真。男生甲态度也极其认真,小脸也转了过来对着小女生,一字一句地说:"是——chǎo——莓!"

小女生看上去很生气,又来了一遍:"不是chǎo莓,是cáo莓。"男生甲一点也不着急,还是很认真地说:"知道啦,是chǎo——莓——!"小女生不再理他。这时候,男生乙说:"你讲得还是不对,是cáo莓,不是chǎo莓。"小女生立刻接上来说:"你讲得是对的,你(指男生甲)快学。"这时候男生甲、男生乙还有男生丙一起七嘴八舌地说起来:"cáo莓、草莓……"小女生也笑起来,跟着一起说起来。

认真分析这一案例,我们不难看出这位教师具有高度的教育敏感性,能够及时地以叙事的方式再现当时的情境。教师主要关注了儿童对语言的认识,并以生动的细节描述呈现了儿童们互相纠正的一种反复行为,使我们对这一年龄段儿童的身心特点有了更加深刻的感性认识。

(二)图表式观察

图表式观察也是一种有效的观察方法。这一方法包括发展检核表法、比例图法和流程图法。在使用检核表法时,一旦某个行为发生,观察者可以在表格中寻找这一行为并做记号(具体参见表2.1)。一些表格还留出空间让观察者更详细地评论所发生的行为,例如行为发生时与行为前后的情况以及行为发生的背景。比例图包括饼状图和直方图等,可以用图的形式来说明搜集的信息。流程图反映出的是幼儿的

[①] 张晖,编著. 幼儿园教育科研指南[M]. 南京:南京师范大学出版社,2011:105.

运动轨迹，通常需要花较多的时间来完成。

表 2.1　4 岁幼儿的发展检核表①

		观察到	未观察到
身体成长和动作发展	能绘画、涂色和使用剪刀		
	独立穿、脱衣服		
	独立爬楼梯，前后脚交替走		
	独立上厕所		
	踢、扔、拍和接球		
	跑步、单脚跳、跳绳、跳跃和飞奔		
	正发展手眼协调能力		
社会能力和个性发展	和他人一起玩或互动		
	表演游戏愈加真实，出现小细节		
	对性别差异表现出兴趣		
	尝试新事物		
	能很好地参与团队活动并承担职责		
	能和他人在一起很好地工作和游戏		
	拥有良好的餐桌礼仪		
	不损害别人的财物		
	能解决小的冲突		
	接受权威		
认知和语言发展	会计算		
	对字母和声音感兴趣（开始发展阅读技能）		
	是一个好的倾听者		

---

① ［美］戈贝尔. 评价幼儿的 6 种简易方法［M］. 毛曙阳，译. 上海：华东师范大学出版社，2011：122—123.

续 表

		观察到	未观察到
认知和语言发展	听从指令		
	会作决定或选择		
	发现努力和结果之间的关系		
	能够集中注意力完成一项任务		
	独立工作，会请求帮助		
	力求把事情做好		
	喜欢学习		
情感和情绪发展	在离开熟悉环境后也能感到安全		
	接受错误		
	表现出独立思考和个性化的情绪情感		
	能很容易地和父母暂时分开		
	发展起自信心		
	在控制坏脾气和恐惧方面有了更强的能力		

（三）取样观察

取样观察包括时间取样法、事件取样法和目标儿童观察。

在时间取样观察法中，观察者在一个指定的时间段内记录下自己感兴趣的行为的发生次数。观察的时间间隔可以非常短，也可以比较长。时间取样观察法可以记录下儿童当时的行为表现并测量出行为发生的相对频率（具体参见表2.2）。在事件取样观察法中，观察者要事先确定好要观察的特定行为和事件，在观察中等待特定行为的发生，然后及时记录与此相关的事情，例如发生了什么、谁干了什么、事件发生及持续的时间等。目标儿童观察就是把焦点集中于一名儿童身上的观察。

表2.2 时间取样法观察表格范例①

时间	活动	评论（注释）
上午9：00	进教室	杰克紧紧抓住妈妈的外套，不回答成人的提问。当成人指导他把外套挂上后，杰克开始大哭起来，因为妈妈说要走了。妈妈走了，杰克跑到窗户边注视着妈妈。当成人靠近他时，杰克不和成人说话。
上午9：15	坐在地毯上	杰克仍在静静地哭泣，当成人照着花名册叫杰克的名字时，他只是点头，而避免目光接触。
上午9：30	和几名儿童坐在书写桌前	杰克和另外三名儿童坐在书写桌前。他们在为明天去商店购物写购物清单。一名儿童请杰克帮忙递给她橡皮，他伸出右手把橡皮递给了那名儿童，但没有说话，并且还是避免目光接触。
上午9：45	图书角	杰克自己呆在图书角。成人问他是否愿意和自己一起读故事，他低下头，并摇头说："不。"

二、采用多种有效手段来提高观察记录的效果

教师观察记录幼儿的手段是十分多样的。用书面文字记录是最为传统且有效的手段。当前，在继续采用这一手段的同时，教师也开始尝试用其他手段来提高记录的效果。由于数码技术的迅速发展，人们开始越来越多地使用数码相机和智能手机来保存和传递数字信息，这一方式比文字记录方式显得更加经济和快捷。拍照、录音和录像是近年来教师普遍采用的记录方式。一张照片和一段录像能传递出大量和独特的信息，发挥着不可替代的作用。

专家指出，录音或录像是非常有益的，并举出了诸多的证据：

---

① ［英］利奇. 观察：走近儿童的世界［M］. 潘月娟，王艳云，译. 北京：北京师范大学出版社，2008：43.

1. 如果幼儿在讲述或语言方面存在问题的话，向父母展示录音会是非常恰当的一种方式。

2. 幼儿喜欢听到他们自己的声音，能够发现他们自己的成长轨迹和语言发展。

3. 录音可以展现出幼儿的思维过程。

4. 录音是客观的。

5. 在某些时候，记录下与幼儿的交谈，能帮助我们记录下幼儿值得关注的能力发展。[①]

当然，数码记录也有其自身的局限性，比如，不是随时能够进行的，对设备依赖较大，需要一定的费用和需要大量的整理等。因此，我们需要把文字记录方式和数码记录方式很好地结合起来，并形成最适合自己的有效记录方式。

教师也需要不断了解各类有效的儿童观察记录方式，并加以借鉴和模仿，以不断提高自身观察记录能力。美国的海斯科普课程中的儿童观察记录就有自身的特点。他们要求教师从六个角度记录下儿童的行为，这六个角度是：

1. 创造力；

2. 社会关系；

3. 创造性表征；

4. 音乐和运动；

5. 语言和口头表达；

6. 逻辑和数学。

教师可根据记录，按五个水平对儿童的行为进行分类。例如，"表达选择"由低到高的五个水平是：

1. 儿童不会向别人表达；

2. 儿童通过指出或说出一个词表明活动愿望或活动场景；

3. 儿童用短句表明愿望、场景、材料或伙伴；

---

① ［美］戈贝尔. 评价幼儿的6种简易方法［M］. 毛曙阳，译. 上海：华东师范大学出版社，2011：88.

4. 儿童用短句表明将要实现怎样的计划（"我想在公路上开卡车"）；

5. 儿童描述行为意向的细节（"我想和莉莎一起用积木建一条公路，在上面开卡车"）。①

三、形成良好的心态，养成长期观察记录的习惯

在观察和记录时教师要具有良好的态度和心态。在观察之前，教师要和幼儿产生共鸣，要自觉地融入当前的教育情境之中。一是要从幼儿的角度观察幼儿。幼儿有属于他们的年龄段发展特征和个人特质的行为模式，要想了解幼儿，就要学会从幼儿的角度去观察幼儿，这样才能做客观的观察，进而从幼儿的角度探究幼儿真正的行为动机。二是要用客观的态度和科学的精神观察幼儿。在观察中，教师不仅要用眼睛看，用耳朵听，用嘴巴问，而且要用心去体会和感受。配合搜集到的资料，加以客观的描述。观察和记录是一个不断积累和循环的过程，通过观察可以避免教师的主观意识，而不会给孩子们乱贴标签。例如，有一位教师觉得班级中的华华是个"小霸王"，于是对他进行了一星期的观察。经过仔细观察和记录，教师总计观察到华华三次与别人的争执，原因分别是：小朋友碰倒华华堆的积木、华华不满小朋友插队、华华捂住爱说话的小朋友的嘴巴。但事后，华华又可以和小朋友融为一体。因此，老师发现似乎华华并非爱"惹是生非"，华华的行为动机其实"情有可原"，只是他的表达方式可以和缓一点。有时候，观察会显得很枯燥。若是自己期望观察到的现象一直没有出现，教师也不要过于气馁和焦虑。在观察中，教师要耐得住寂寞，要沉下心来。教师要十分敏感地发现来自幼儿的各种行为，并进行记录。

养成好习惯就意味着要坚持做观察和记录，不以任何借口来拖延或暂停观察记录。古人云："千里之行，始于足下。"通过长期的观察和记录，教师可以对幼儿有持续和深入的了解。许多优秀教师都形成了良好的观察记录的习惯，例如有的教师

---

① [美] 鲁普纳林，约翰逊，主编. 学前教育课程 [M]. 黄瑾，等，译. 上海：华东师范大学出版社，2004：366.

在进行教育教学时，会随时在身边的小本子上记录下自己观察到的行为以及自己的想法；有的教师会和孩子们共同讨论一天的活动，并用简要的语句记录下来，以小贴纸的形式张贴在班级中；有的教师会固定地利用每天下午的一段时间来整理自己的观察记录。

《幼儿工作者的视野》一书的作者津守真就是一位很好的观察记录者，他十分强调及时记录。他说："教育工作与观察思考是密不可分的……对教育工作的观察和思考要通过长期的经验积累……打扫完卫生，和同事们一起喝茶聊天的时候，保育者会回忆起当天孩子们做了些什么。这时有机会从他人的角度重新审视教育工作，借以拓宽自己狭窄的视野。在过去一段时间以后，当独自再回忆那一天的教育工作时，又会看到很多当时没有看清的事。在很多时候，各种现象追着我们，似乎叫我们'再一次静下心来看看吧'。有时候，即便过去多年，还会通过工作记录来重新观察与思考当时的工作。"①

的确，在一天结束的时候，如果不能很快地记录下当天发生的事情，那么过些天后，我们就很难回忆起发生了哪些事情。而且再次阅读和思考以往发生的事情也会给自己带来新的启示。做观察记录是一件有意义的事情，而每天坚持做这样的记录并进行反思则更是一件有价值的事情。可以说，正是通过这样的方式，津守真把自己的日常工作上升为研究工作，把那些在头脑中的模糊印象和只言片语变成了清晰的思想和较完整的表述，这样的做法是十分值得教育实践工作者学习的。

在平时，我们经常可以听到老师们说，某件事情给自己留下了如何如何深刻的印象，或多么的有趣，但是一旦需要他们做较详细的描述时，却往往因为当时没有做记录而说不清楚。而且，老师也常因为懒得动笔记录，让自己那些宝贵的经验轻易地流逝，从而导致自己的教育指导停留在较低的层次。教师平常积累的观察记录不仅会成为幼儿的成长记录本，也能成为教师的教育回忆录，可以让教师通过翻看这些记录反观自己在教育领域中的领悟、努力和成长。

---

① [日] 津守真. 幼教工作者的视野：置身教育实践的记录 [M]. 刘洋洋，译. 上海：华东师范大学出版社，2009：204.

案例 2.1：教师以表格的方式记录对幼儿的观察①

幼儿 \ 活动和语言	表征	分类	排序或数概念	空间或时间关系
科里	10月30日：用木块做了一台机器，用一只瓶盖当作开关。	11月4日：讲他的汽车自己发动了，轮子里面有电池，所以会转，认为他的汽车和一般汽车不一样。	11月4日：为他的汽车画了一张画。数画中汽车的轮子，然后在汽车下方写了一个"4"。	10月24日：当问他今天和昨天是否一样时，马上说："不是，昨天我们到苹果园去了。"
埃林	11月4日：铺床，把钉在床上的长方形木块当枕头。	11月4日：在讲了硬和软之后，把一块金属片放在棉花球旁，并用手感觉这两者的不同。	11月4日：想用手势打出数字6、7、8，但并没有把讲的数字和手势联系起来。	10月25日：把两个盒子连接在一起，当作两个车库。
温迪	10月30日：用可拆装的房屋玩具搭了一个车库，旁边与一个院子相连，把房屋的窗子拆下来当作院子的门。	10月30日：描述车库和院子的各个部分。		10月30日：思考如何把两个盒子放在靠门的地方，它们就能和院子组合在一起，和别人讨论门的位置。

---

① [美]玛丽·霍曼，等.活动中的幼儿[M].郝和平，周欣，译.北京：人民教育出版社，1995：128—129.

续　表

幼儿 \ 活动和语言	表征	分类	排序或数概念	空间或时间关系
马克	10月30日：和科里一起用空心积木搭了一个汽车库。		11月4日：他说能同时把两块积木拿开。	10月15日：看了公共汽车和小汽车以后，和我谈论汽车的前轮与后轮。我问他汽车如果没有后轮将会出现什么情况？他说："就会倒下来。"
乔安妮	10月25日：在娃娃家当妹妹，未讲话，假装不会从床上下来。	10月30日：洗苹果。一个盒子放脏苹果，一个盆用来洗，一个盘子晾干，一个盒子放干净苹果，四道工序分明。	10月25日：看着我的项链，指着不同的珠珠说："小、小、大。"	11月4日：同时要骑木马，又要玩沙，把木马往沙坑边拖。

案例2.2：教师以表格的方式作日常观察记录和计划

（11月12日）[①]

乔尔	今天自发地进行排序，说："我要给弗兰克搭一座大房子，一个中等的，一个小的房子。"他搭了大、中、小三座房子。看他是否还用其他材料进行排序。看他是否能表征这种排序活动。

---

① ［美］霍曼，等. 活动中的幼儿——幼儿认知发展课程［M］. 郝和平，周欣，译. 北京：人民教育出版社，1995：134—135.

续表

丽贝卡	在集体活动时间，能意识到别人做了相同的动作，说："他们两人做的动作是一样的，都用手这样。"她能够更完整地描述吗？
蒂姆	还在做小汽车。他需要到门外去看看真的汽车，就知道轮子装在什么地方了。
莱内特	在音乐区唱了一首长长的歌曲，内容是有关她的家和娃娃的歌曲。帮她用笔记录下来，她可能会对此作出进一步解释。
特蕾西	他在户外活动时间里喜欢讲话，讲的话比操作时间多得多。注意他明天在户外活动时间里的语言表达。
托尼	和蒂姆一道做小汽车。在回忆时间帮他回忆。他喜欢别人把他的讲述记下来。
利萨	仍在娃娃家区和玛戈一道玩娃娃家。她玩了很长时间。她能否用其他手段来表征娃娃？
玛戈	在打扫卫生时间第一次表现这么好，和利萨玩了一个游戏。她可能也喜欢"拍拍沙漏计时器"的游戏，试试看。
瑞安	集体活动时很糟糕，离开了大家，因为他不懂"不同"是什么意思。在操作活动时间的适当时机帮助理解和学会使用"相同"和"不同"。
米歇尔	在回忆时间讲述她的画画中的空间关系："这座房子旁边有两座塔，房子的顶上有两个人。"在操作时间注意帮助她认识空间关系。
乔恩	在计划时间和他一道回忆昨天的计划，学会使用"昨天"这一词汇。看他是否喜欢别人把他的计划内容写下来，或制作一本计划簿。
克里	今天准备再搭一所房子。但一位教师问她是否能用另一种手段来表现房子，她说可以画画，然后就到美工区画房子去了。继续帮助她寻找其他表现手法。
斯特西	缺席。当她来园时提醒她未做完的鸟笼。
梅丽莎	在来园的路上，制订了一个为祖母做生日卡片的计划。做好卡片后，就开始数卡片上的人数，看能排下几个人。
费利克思	在小组活动时间坐在利萨旁边。他很喜欢和她在一起。当她在旁边时，他喜欢做更多的尝试活动。他也帮利萨装订书机上的钉。

案例 2.3：教师写给家长看的关于幼儿的情况报告[①]

特蕾西：他在感恩节前（11月底）进入幼儿园，最初他喜欢把什么东西都往盒子里装。他很少讲话，很少笑，也不大与别人交往。但现在他和别的幼儿一起玩球，别人坐在小车上时，他在后面推。在工作时间，他经常会全神贯注地从事一些活动，如用积木搭高楼、画水彩画和手指画，粘贴。在打扫时间，他在娃娃家区对纽扣和干果进行分类，或清洗画笔。虽然他的语言不多，但对别人的语言有积极的反应。他在数人的时候有时会把自己漏掉。他的表达交流方式是小声嘀咕和用手拉人。一般你无法知道他要什么，但是如果你问他："特蕾西，告诉我你要什么？"他会讲"颜料"或其他东西。特蕾西是3岁儿童中能对物体进行分类，把相同的物体放在一起的唯一幼儿。他对新教师的最初反应比较谨慎。

案例 2.4：儿童观察记录一则[②]

儿童姓名：西恩　　　　　　　　　　　开始时间：下午 1:45

儿童年龄：4岁1个月　　　　　　　　结束时间：下午 2:15

[①] [美]霍曼，等. 活动中的幼儿——幼儿认知发展课程 [M]. 郝和平，周欣，译. 北京：人民教育出版社，1995：135.
[②] [英]莎曼，等. 观察儿童——实践操作指南（第二版）[M]. 单敏月，王晓平，译. 上海：华东师范大学出版社，2008：34—36.

> **环境**

看护学校户外活动场地上的水槽

> **观察记录**

西恩右手拿着一艘船在水槽中推动,一边推,一边嘴里模仿引擎的声音。他把船拎起来,看着水从船中流出来,而后几次用两只手把船从斜槽滑下来。

西恩继续安静而专心地玩着。他推动船沿着槽边航行,而后驶向中央地带的"小岛"。他小声地自言自语,不时发出引擎的声音。他从槽边"河岸"处捡来几个塑料小人,把它们放到水里而后将它们泼湿。

教师问:"他们是在洗澡还是在游泳?"

西恩说:"游泳。"

西恩拿起一个塑料的美人鱼,带它在水中穿行。

教师问:"她又打算游泳吗?"

西恩说:"是的,她打算这样做。"他带着它在水面掠过:"我的手放在水里觉得热了。"

西恩继续和美人鱼玩,他对自己(而不像是对教师)说:"她走的时候,头上戴着黄色的海藻编成的花环,她跳进了海里。"

西恩在船上放了一个小人并开始泼水,于是船上下颠簸,船上的人摔了出来。

教师说:"是谁在震动海水?我们的王子不见了。"

西恩把仅有的小人都扔进了水里。

教师问:"你找到王子了吗?"

西恩说:"他原本坐在岛上,现在他躺在沙滩上——他累了。他们在岛上泼水,他们喝饱了水。"

教师走开了。有一群幼儿走过来玩水,但西恩毫不在意他们在做什么。他把水泼到自己的脸上，而后把那些小人放回船上。那群幼儿绝大多数都走开了，只有斯柯特从旁边拿起几个小人走过来加入西恩的游戏。

西恩说："你必须走到那边和你们的人呆在一起，你们没有尾巴，我是一条美人鱼。"

斯柯特说："我也是一条美人鱼。"

西恩说："这里是我的海，你的海在那边。"他拿起那些小人摇晃了一下："你们这些淘气的家伙。"而后对斯柯特说："她假装不想和他结婚。"他又扮演起王子的角色，说："我该怎么办呢？"

他拿起美人鱼，把它扔到水里。他现在扮演她的角色："你想得到我，因为我是美人鱼。"

教师宣布吃点心的时间到了。西恩依然自顾自地玩了几分钟，而后放下那些小人走向后门。

结论

在观察开始之前，西恩已经在水槽那里玩了几分钟了。我对他的专注力能持续多久以及他会使用些什么语言很感兴趣。他在水槽处玩了半个小时。在这段时间里，有一些幼儿来来去去，但西恩都没有过多注意他们；他与斯柯特互动是在斯柯特加入了他的游戏之后。

西恩在他的想象游戏中始终有流畅的解说语言。显然，他早已看过"小美人鱼"的故事片，并醉心于将它表演出来。他的语言没有语法错误。

评价

儿童在4岁以前，想象性的装扮游戏能维持很长一段时间，语言有意义且没有语法错误。据此可见，西恩表现出了预期中的行为。

> **建议**
>
> 继续提供做想象游戏的机会。鼓励西恩记录他的游戏,具体做法是让西恩在讲述时间告诉其他幼儿他的游戏内容,或是将游戏内容画出来。

案例 2.5:小班幼儿游戏观察一则

观察者:南京市实验幼儿园　陈　洁

观察背景:"娃娃家"游戏

观察地点:小班活动室内

观察对象:豆豆(女)、壮壮(男)

观察时间:2011 年 10 月

> **观察记录**

豆豆走到壮壮面前小声地说:"你愿意做我'娃娃家'的爸爸吗?"

壮壮立刻拉着豆豆的手向"娃娃家"方向走去,走了几步突然停下对豆豆说道:"我是愿意的。"豆豆脸上泛起了浅浅的笑容。

来到娃娃家,豆豆踮起脚取下挂在墙上的假发夹戴在头上,并用双手捋了捋耳边的头发。接着,又伸手取下挂在墙上的领带回头递给身后的壮壮。

此时,壮壮早已把放在"娃娃家"桌子下面的塑料筐取出来,正抱在胸前一件一件地把里面的餐具往外拿,桌上的小碗、小勺、灶具层层叠叠落成一堆,最上面的一把小勺已经摇摇晃晃快要掉下来了。

豆豆伸长了手臂,轻声喊着:"壮壮,你的领带,是爸爸要戴的领带。"

壮壮没有回应，豆豆喊了几声后将领带放在桌上的一堆餐具上面。壮壮将领带拎起来丢在了地板上，拿起小碗、小勺放在嘴边做吃东西状，全然不顾自己的脚已踩在领带上。

豆豆蹲下来用力拉拽着被壮壮踩在脚下的领带，壮壮摇晃了几下身体，没有抬起脚，而是放下手上的小碗，更换了另一种颜色的小碗，继续放在嘴边用小勺做着吃东西的模样。

豆豆蹲在壮壮身边，没有说话，只是用两只手继续拉拽着领带。突然，涨红的小脸"哇"的一声哭了出来。

对幼儿游戏行为的分析

这是在小班幼儿入园两个月左右进行娃娃家游戏时捕捉到的片段。游戏以豆豆的那一声"哇"的大哭宣告暂停。小班幼儿最初开始"娃娃家"游戏时，大部分幼儿对于这种自主的、摆弄性强的游戏是很感兴趣的，还处于独自游戏、平行游戏的高峰时期，游戏行为以模仿他人或独自玩玩具为主，较少与他人发生交流。但是游戏水平具有很大差异。因此，幼儿在娃娃家的行为表现能够较有效地反映出幼儿各方面能力的发展状况。

1. 能情绪愉快地参加集体活动，愿意与同伴共同游戏，处于独立游戏阶段。

案例中，教师在"娃娃家"游戏的组织形式上采取的是幼儿之间相互邀请、自由结伴，这是为了让幼儿之间有更多的互动机会，而不是传统的老师进行指派分配角色。幼儿在这种教育的影响下初步建立人际交往关系，有与同伴共同游戏的愿望。案例中的壮壮（男）被邀请后虽然开始忘记回应同伴，但走了几步后立刻很认真地"补"上了漏说的话。游戏中壮壮虽然一直较少与同伴交往，更多地只是专注于使用餐具模仿吃东西，是因为此时幼儿正处于独立游戏阶段，有别于单独游戏。因为单独游戏者缺乏足够的交际技能，而独立游戏者之所以选择独立游戏是因为他首先感兴趣的是对材料的处理。

2. 可以短暂地专注做一件事，喜欢娃娃家的扮演游戏，但缺乏角色意识。

尽管教师在游戏前明确分配给孩子爸爸或妈妈的角色，但孩子根本不予理会。他们按自己的想法、喜好模仿着成人的各种动作。案例中的豆豆（女）虽然能主动运用服饰材料装扮自己扮演"妈妈"，并关注到同伴的角色，提醒"爸爸"用领带装扮自己。但是，这种角色意识还停留在表面，只是依附于材料（服饰）。幼儿还没有形成"一个家"的意识，大家都是自顾自地玩。

3. 游戏内容简单，而且以重复"动作"为主。

幼儿非常享受"动作"带来的乐趣，重复操作、摆弄玩具是他们最大的满足。缺乏交流与合作的意识，以自我为中心，在解决问题方面需要很具体的协助。案例中豆豆（女）只是单纯地通过无声的动作——拉拽领带，想达到捡拾起掉在地上的领带的目的，在多次尝试失败后选择用"哭"的形式引起周围人的关注。

4. 自控能力差，对游戏材料认识不足，缺少整理物品的技能。

案例中壮壮（男）虽然在进行着"娃娃家"游戏，但面对零乱的桌面和随意摆放的餐具并没有收拾的意识。

案例 2.6：托班游戏观察记录一则[①]

托班　第五周（3.17—3.21）

观察者：邹　芳　陈　红

观察时间：3月18日　周二

游戏区域名称：娃娃家

---

① 虞永平. 生活化的幼儿园课程［M］. 北京：高等教育出版社，2010：160.

观察记录

10：10—10：15：清越、甜甜、豆豆等三个宝宝进入红红家，他们正好把门口的挂牌全部挂完。清越在烧饭，豆豆抱着娃娃坐在桌子边。这时候，中中没有挂牌直接进入了红红家。结果被甜甜赶了出来。因为他没有挂牌。这时候，我正好经过红红家，中中看见了我，对我说："陈老师，我没有牌子了。"我提醒他可以去别家看看。他一声不响便离开了红红家，到其他"娃娃家"去了。

分析

中中在进步着。由于中中年龄小，自我为中心的表现比较突出。以前的他，遇到这样的情况，肯定要哭鼻子、发脾气的。而现在他开始能接受别人的建议了，并且在别人的提醒下，已经能遵守规则了（挂牌的游戏规则）。

观察记录

10：20—10：23：澜澜、悦悦、楚楚在蓝蓝家玩。澜澜拿着一把刀切豆豆，我走过去提醒她：豆豆是不用切的。她没有听我的话，继续切着豆豆。切完她就把豆豆放在锅里煮了。

分析

澜澜并没有采纳我的建议，继续切着她的豆豆，表现得很有主见。这让我突然想到：我的经验未必是正确的，或许澜澜看到过这样做菜的。我不应该武断地用自己的经验剥夺儿童的游戏自由。

案例 2.7：小班观察记录一则

南京师范大学吴江实验幼儿园提供

日期	2023.5.12	起始时间：10:00 结束时间：10:30	观察区域	兔兔乐园和小木屋
观察对象	妍妍		班级	小二班
材料投放	小推车		观察者	王静怡
背景	畅游日活动中，妍妍和好朋友选择了兔兔乐园和小木屋开展游戏，过程中，他们发现小推车卡住了，于是几个小伙伴一起努力。			

观察描述（看到了什么？）	观察分析（看懂了什么？）	观察回应（应该怎么做？）
在户外活动的时候，钦钦和妍妍不小心把小车推到了草坪上，可是小车卡住了，他们尝试把小车重新推回路上，妍妍说："我们推上去。"两个人一起用力往前推，可是没有成功。钦钦跑到一边，蹲下来查看小车的情况，嘴里念叨着"卡住了"。我在一旁说："卡住了怎么办呢？"桐桐看到这边发生的情况，跑到小车的前边，轻轻抬起小车，妍妍看到桐桐来帮忙，也赶紧到小车的另一头用力推动小车，小车一下就被推了出来。小朋友们开心地笑了，钦钦也赶紧跑过来帮忙，三个人一起推着小车去做别的游戏了。	妍妍能够与同伴协商把小车推出来。【这符合《指南》语言领域中1.2.1愿意在熟悉的人面前讲话】。小伙伴对自己能够成功把小推车推出来都十分高兴。【这符合《指南》社会领域中1.3.2为自己的好行为或活动成果感到高兴】。三位小伙伴合作将小车推出。【这符合《指南》社会领域中1.1.1愿意和小朋友一起游戏】。	提供丰富的低结构性材料，引发他们自主探索，鼓励幼儿抓住与同伴交往的机会。 对于他们主动思考，成功解决问题，及时给予肯定。

第三章　幼儿园教师的教育教学反思

教师要尽快记录下当时或当天发生的教学行为，对教育现象进行具体描述，同时写下自己的心得体会和情感感受。

第一节 教育教学反思的概念和价值

一、教育教学反思的概念和内容

幼儿园教师的教育教学反思是幼儿园教师在日常教育教学工作中积累的过程性的教学资料，是教师教学研究的实际历程和思考。杜威认为："反思是一种对于任何信念或假设性的知识，按其所依据的基础和进一步结论而进行的主动的、持久的、周密的思考。"美国心理学家波斯纳（G. J. Posner）也指出："如果一个教师仅仅满足于获得经验而不对经验进行深入的思考，即使是有 20 年的教学经验，也许只是一年工作的 20 次重复。除非善于从经验反思中吸取教益，否则就不可能有什么改进，永远只能停留在一个新手型教师的水准上"，并认为"教师成长＝经验＋反思"。实践经验也表明，反思是教师专业成长的需要，是新手型教师成为专家型教师的必由之路。

教师的反思有多个层面。最基本的层面是教师对于某个活动或细节的心得体会；较高的层面是教师的阶段性经验总结；最高的层面是教师在幼儿教育的某方面或某个领域的较为系统和完整的认识与理解。根据反思的对象不同，我们也可以把反思分为两类：一是针对教师自己教育行为的反思，包括对自己的活动评价、学期总结等；二是针对其他教师教育行为和教育活动现象的反思，包括对某教育活动的评析、对某教师教育行为的思考、对教育活动过程中教师与幼儿的互动和幼儿之间互动行为的思考等。教育反思往往表现为各类教育教学记录,如教育随笔、教育故事和案例分析等。人们会把教育教学反思称为教育随笔。近年来,人们也用课程故事和教育叙事等词来表示教育教学反思。

二、教育教学反思的价值

(一)教育教学反思有利于教师积累教育经验,深刻理解教育现象

人们常说,好记性不如烂笔头。"记忆的内容无法以实物的形式呈现出来,不具有记录的鲜活性特征。"[1] 具体的文字或图片记录能使回忆变得容易,教师一旦看见了原始的、实物形式的文字材料,当时那些生动的场景便仿佛放电影般轻松地浮现在自己的眼前。通过翻看以往的教学记录,教师自身也会对当时的记录感到惊讶,会惊诧于当时记录之详细,也会有许多意想不到的新发现和新收获。而一些非常细微的数字,如具体的日期、时间和人数则在教学记录中清晰且完整地呈现出来。有学者提出,为了把握幼儿的成长,以便更好地进行保育,更好地促进对幼儿的理解,教师就应该重视保育记录。保育记录是保育行为的重要组成部分。在每天繁杂忙碌的日常教学中用于记录的时间是有限的。除特殊场合(保育教研活动)外,教师在保育中做记录比较困难,每天的记录都是在保育结束后通过回忆写成的。保育记录的作用体现在两个方面:第一,为下一次的保育构思提供帮助。教师要基于对每位幼儿过去行动的回顾来构思明天的活动以及相应策略。第二,通过记录可以反省自己的保育框架,并加以拓展。通过记录可以反映出教师的保育观,这一点在写的时候感觉不到,在重新读的时候就能发现。[2] 长期的资料积累,也使得教师更容易从纵向的时间维度来看待和理解教育现象,从而进一步加深自己对儿童的理解,对一些教育理念形成更深刻的认识。

---

[1] 虞永平. 生活化的幼儿园课程[M]. 北京:高等教育出版社,2010:96.
[2] [日]河边贵子. 以游戏为中心的保育:从保育记录出发进行解读[M]. 朱英福,熊芝,译. 上海:华东师范大学出版社,2009:46.

（二）教育反思有利于教师把握教育规律，发现教育契机，提高教育指导能力

教师的教育教学记录和反思使得教师能够更多地梳理复杂的教育线索，寻找到更好的教育契机，不断提高认识和理解儿童身心规律的能力，从而更好地支持幼儿的学习和发展。"记录可以被保留和再现，可以被看做是教学实践的鲜活记录，记录的过程也可以作为重温和复习过去经历和实践的方法。通过重温，不仅激起了原有的东西，而且对过去发生的事情产生了新的解释和建构。这样，积极的教师就能利用已有的牢固建立的经验，在记录的基础上参与构建关于儿童学习和知识建构的新力量。"反思能够让教师发现和认识到新的问题，正如教育家杜威所言，我们只有在遇到问题时才会去思考。因此，教师要善于反思，善于发现问题，善于提高应对问题的能力。

（三）教育反思有利于教师把正确的教育理念转化为适宜的教育行为

在从新手型教师成为专家型教师的过程中，教育记录和反思的作用十分明显。教师在记录的过程中锻炼了自己迅速记录的能力，形成了良好的及时记录的习惯。通过记录与反思，教师掌握了记录的规范方法，丰富了自身的教育经验，深化了对儿童的认识，了解了儿童的学习历程。教师通过反思自己行为的后果，分析自己的教学方法和策略，也使得自己能够更好地寻找到好的教育方法，形成自己的教学风格。教师的专业发展是一个螺旋上升的过程，大量的教学记录和教学反思会让教师的教育理念和教育行为都开始发生深刻而持续的变化。佐藤学认为，对教学的反思和经验的相互交流是每位教师成长的食粮。改变教学、改变学校的条件绝不是遥不可及的，而让其实现的条件存在于所有的教室中，存在于所有的学校中。①

笔者在法国进行访问的时候，发现那里的幼儿园老师十分重视记录工作。在一节主题是"打开核桃"的科学活动中，我注意到任课教师一直在不停地做记录。她

---

① ［日］佐藤学. 静悄悄的革命［M］. 长春：长春出版社，2003：10.

会一边询问孩子们，一边迅速地把他们的回答记录在本子上。在活动中，教师还事先绘制了相关的图表让儿童通过贴点子的方式进行前后的选择和对比，看看自己先前的猜测与实际结果是否相同。在平时的课堂以及培训活动中，我们也多次看到授课老师十分喜欢采用在大纸上书写的方式进行教学。他们会要求学生进行归纳和总结，并在纸上立即记录下学生们的选择，以便交流和理解。此类重视教师记录的做法不仅可以提高教学的效率，而且也十分便于资料的积累和教师的反思。反观我们自己，平时也强调记录，但是对记录习惯和记录频率如此强调还不多见。法国老师的做法值得我们借鉴和学习。[①]

第二节　如何写好教育教学反思

一、养成良好的反思习惯

教学记录和反思要及时。教师要养成及时记录的良好习惯，对教育现象进行具体描述，同时写下自己的心得体会和情感感受。为了节省时间和准确描述，教师可以先用潦草的文字或用绘图的方式迅速进行记录，并写下自己的主要感受，事后再进行整理和补充。一些幼儿园的教师坚持在每天下午4点以后，利用多种形式集中记录和整理当天班级中发生的事件。这样一来，教师便只需要对当天所发生的事情进行回忆和反思，而不是去回想前几天所发生的事情。这样的及时记录会使记录显得具体和生动。通过一段时间的实践后，教师明显地感受到了及时记录的

---

① 毛曙阳. 法国幼儿园科学教育见闻 [J]. 早期教育（教师版），2008（5）：29.

益处和价值。

二、反思记录形式多样化

教学记录和反思的目的是让教师更加深刻而具体地理解儿童和教育的过程,因此,教师可以采用多样化的形式进行教学记录和反思。白描式的记录、表格式的记录、绘图式的记录、照片记录和录像记录等形式都是可以的。例如,在对班级环境进行分析记录时,如果教师能把当时的区域布局画下来,那么自己就可以对当时的记录有更为深刻的了解。录像也是一种非常有效的记录方式,教师在进行录像时,应当选择合适的视角进行较长时间的摄录(如 3—5 分钟)。摄录时间如果过短(如仅仅只有 10 多秒钟),那么教师事后就很难通过这个录像获得较为完整的印象。此外,教师还需要以简洁明了的方式在各类记录材料上写明具体的时间和地点。如表 3.1 中对保育记录进行了分类,并提出了各自的重点。

表 3.1　各种各样的保育记录①

种类	何时	做什么
日记录	保育结束后	● 记录教师对幼儿一天的生活情况及援助指导的反思。 * 寻找幼儿从游戏中获得哪些经验,通过记录明确第二天的指导方向。
周记录	周末	● 回顾幼儿一周的生活,记录游戏的流程以及从中得到的成长。 * 不仅仅是把握幼儿,还要关注班级整体的发展变化。
阶段或学期记录	阶段末、学期末	● 整理周记录,发现成长的轨迹,从而形成长期的预见。 * 将每位幼儿的变化明确标示出来。

---

① [日]河边贵子. 以游戏为中心的保育:从保育记录出发进行解读[M]. 朱英福,熊芝,译. 上海:华东师范大学出版社,2009:56.

续 表

种类	何时	做什么
个人记录	随时	● 在日记录和周记录中，跟踪每位幼儿的记录。 ＊ 集体中每位幼儿得到了什么样的成长就会标示出来。
活动记录	随时	● 跟踪某一完整活动，记录该活动的含义以及幼儿在活动中获得的经验。 ＊ 理解活动的特质，培养理解教材的能力。

三、教师要善于通过各种方式来提高反思的水平

凡事贵在坚持，教师要坚持做教学记录和反思。有的教师在教学记录和反思工作上不能做到有始有终。这些教师会偶尔做一次记录，之后间隔很长时间再去做记录和反思。这样一来，教学记录和反思的价值就会大打折扣。有些教师坚持每天做记录、分析和反思，并及时进行整理。那么，这些教师就会获得完整的、时间跨度较长的班级情况记录。对于一些常见的教育行为，教师的教学记录能让大家看到儿童在发展上所具有的差异性。例如，同样是入园适应，可能不同经验背景的孩子就会有很大的差异；在玩大型积木时，不同性别的孩子在参与活动时也会表现出明显的差异。

案例 3.1：教育随笔：靠近

南京市逸仙小学附属幼儿园　仲　玥

中饭后孩子们围坐在操场中间晒太阳，是太暖和了？还是太累了？远远望去像

是要睡着了。于是我拿出了女儿的"泡泡机",开始只有几位孩子被玩具的古怪造型所吸引,不停地问着"这是什么呀?"其他的依旧懒洋洋依偎在椅子上晒着太阳,思思也不例外。当从这古怪的玩具里冒出了一个个造型各异的、大大小小的泡泡后,刹那间孩子们的眼球全都被这神奇的泡泡吸引住了。此时思思也将自己的目光停留在了泡泡上,可是当我不经意地向她望去时,她却立刻把眼神移开(是怕让我看出她的心思,是不愿与我的眼神对视上,还是……令我不得其解),这时我只好把目光从她的身上移开,只是悄悄地观望她。

面对新奇的泡泡孩子们有些坐不住了,三三两两地离开了小椅子围了过来,都想走近些让自己看得更清楚,有的还想来摸一摸。一会儿我的身边便围满了孩子们,这下可挡住了思思的视线,她有些坐不住了,开始站了起来,踮起脚、伸长了脖子想从缝隙里观看着泡泡的变化,但似乎不太容易。渐渐地,她的脸上显得有些焦急,但又不知如何是好。为了满足孩子们的好奇心,我答应让每个孩子都来玩一玩,这可把他们乐坏了。孩子都很兴奋,不等我说完话便迫不及待地跑了上来,开始了操作,并欣喜地看着自己制作出的各种大大小小、长长短短的泡泡,不时发出激动的声音"老师,我吹出泡泡了!""我吹的泡泡大!""瞧,变成长的了!""老师,泡泡飞起来了!"……快乐、喜悦洋溢在每一个孩子的脸上。思思的脸上也露出了笑容,神情也显得很激动。于是我说:"思思你来玩一玩吧。"可是她并没有理睬我。我接着说道:"这个挺好玩的,不信你来试试!"此时的她显得很是犹豫,站起身来双脚叉开左右徘徊了两下,目光紧紧地盯住地上的玩具流露出想玩的表情,但忽然之间又显得很不情愿,似乎又准备坐下。不难看出,这时她的心情非常复杂,非常矛盾。

"我知道你想玩,没关系的,我来教你",于是我一边说着一边主动地上前拉住了她的手,将她拉到了场地中间,虽然思思的表情看似不太情愿,但是从她行走的步伐上我可以断定她非常乐意。蹲下后我手把手地带着她操作了两遍。看到泡泡出现了,她那面无表情的脸上终于露出了一丝微笑。思思的不安和紧张情绪似乎有了些放松。"思思我们一起玩吧?"她点了点头,我高兴地看着她"你来制造泡泡,我来打好吗?"她没有应答我,一定是不太愿意。"这样吧,我来制造泡泡,你和大家一起来打好吗?"

"好。"思思终于开口了。

看到她的情绪逐渐在释放，我感到很开心，欣喜地摸了摸她的头，又一次拉近了我们之间的距离。在小伙伴们情绪的感染下，在我的呐喊助威下，思思心中的不安紧张渐渐消除，她面带笑容加入到这场游戏中。每当她打炸一个泡泡都会面带微笑地看着我，此时我也回送上一个微笑作为鼓励，终于我又一次找到了那个"活泼的思思"。

案例反思

想要让一个孩子喜欢"幼儿园"，愿意和老师成为朋友，那么最快最好的方法就是：设计或提供有趣的游戏来吸引孩子的注意，引导她参与其中（不用解释大家都知道：游戏是幼儿的主要活动，游戏本身就具有很大的魅力）。尽可能地为她创造自由、轻松的游戏氛围，让孩子感到"你"此时并不是一位老师，而是个和她一样爱玩、爱笑的小伙伴，在自由游戏的过程中让其充分感受游戏本身所带来的快乐，使心情得到愉悦。这样一来孩子很快就会喜欢上你，和你成为朋友，也会快乐地融入幼儿园的大家庭中，与小伙伴一同分享活动的喜悦。

案例 3.2：换种方式点名[①]

南京市实验幼儿园　吴晨阳

每天早上的点名成了一种惯例，小朋友对点名也就是随口一句"到"就完事了。我发现很多小朋友在点过自己后，就开始注意力不集中了，开始和左右的小朋友讲话，这点很令我苦恼。

[①] 吴晨阳. 换种方式点名//南京市实验幼儿园课程故事汇编. 打印稿，2008.

一天我突发奇想,试试按照小组的方法点名,一组一组地起立,然后这组的小朋友数数看今天谁没到。这种新鲜的点名方法引起了孩子们极大的兴趣,他们很认真地点数着自己小组的成员,即使这组点完名了,孩子们也能继续认真地听其他小组点名,听听其他组有没有点错或漏点。除此之外,我也让个别幼儿点数自己小组的成员。

这种点名方式不仅得到了孩子们的喜爱,将惯例变为一种游戏,变被动为主动,同时也潜移默化地提高了孩子们的点数能力,让孩子们学会关注同伴,更加关心他人。

案例 3.3:"迷宫"不迷

南京市实验幼儿园　薛斯竹

在"班级环境区域化"理念的引导下,我们在班上也尝试着去做起来,于是乎上演了一出"乾坤大挪移"的戏法。大班的孩子不像小班时那样懵懂无知,对一切新鲜事物总要问个究竟才行:"老师,为什么要搬柜子啊?""你们要干什么啊?"还有的起哄说:"快来看呀,老师造反啦!"……这样一个传一个,周围已经围满了孩子。

转眼间,班上已经变成了另外一副模样。作为班级主人的孩子们,有权利知道调整后班级的各个活动区在哪里。听过老师的介绍,有的孩子还饶有兴趣地到不同的区域里看一看,因为调整后的教室有一些柜子、KT板做隔断,形成了小小的曲折和围合,就有孩子把教室形象地比喻成了"迷宫"。

乍看起来,好像不如以前方便,去某个区域的时候,得绕几个弯才能到,不像以前那样四通八达。就连我们要拿张纸或是画笔之类的东西都得多走几步路。但当孩子们进入区域开始活动时，就会发现"迷宫"的不迷之处。

场景一：科学区火爆的秘密

在调整后，科学区一下子变得火爆起来，孩子们总抢着去玩。为什么材料还是原来的，可是他们却有这么大的转变呢？当我坐在科学区里，才琢磨出原因来。因为现在的科学区变成了一个相对封闭的空间，而且背后还有钢琴挡着，对于孩子来说，这是一个多么自由的角落啊。不会被老师的视线轻易触碰到，就没有了不自然。不会有那么多人来人往，就少了让注意力分散的元素。靠墙边的柜子又正好可以展览他们探索发现的成果。

我微微一笑，对于我们任何一个人来说，都需要有一个隔离外部纷扰、让心沉淀的角落。开放的区域固然有它的好，可以一目了然地看到每个孩子，但是我们谁能说自己没有过躲在角落游戏的经历呢？

场景二：一群小书虫

自从图书区占据教室的中心位置开始，班上的小书虫也渐渐多了起来。因为书就在他们手边，随时可以拿一本来阅读，只需要转个身，就能趴在阅览桌上看起来。有时候老师在上面说着，有的孩子还会悄悄地在下面翻书看，对于孩子来说就是这样，如果遇到不感兴趣的话题，就会开小差，玩起身边的东西。当把书架搬到他们旁边之后，他们第一眼看到的就会是书，那么在没有特别想干一件事的情况下，书就成为了他们的第一选择。

案例反思

迷宫原本的含义是一种充满复杂通道的建筑物，很难找到从其内部到达入口或从入口到达中心的道路，在其中行走是一个复杂艰深或难以捉摸的过程。总之大家一想到"迷宫"，肯定是和捉摸不清、糊涂、让人头晕这些词语联系在一起。教室进行区域化的改造之后，表面上看是给人复杂的感觉，但是仔细观察后，才发现它是有序的，可以给孩子们潜移默化的教育。

案例 3.4：小朋友的活动时间表

南京市鼓楼幼儿园　杨珊珊

以前我们班只有一份老师的活动时间表，现在我们制作了小朋友的活动时间表，一份小朋友能看懂的时间表。以前是老师带着孩子们根据时间表活动，现在由孩子们和老师一起根据时间表活动，这体现出小朋友是一日生活的主角。我们班时钟的钟点是由 12 个卡通形象组成的。在认识时钟时，老师告诉大家当时针指向米妮时，就是我们出去活动的时间；当时针指向唐老鸭时，我们就要开始玩区域游戏了；而当长针指向高登时，小朋友就应该吃完午饭了。于是，我发现在上课快结束时，有的小朋友就会盯着时钟看，那期盼的眼神仿佛是在提醒老师："玩游戏的时间快到啦！"事实证明，时间表的制订不仅可以让教师把握好各项活动的时间比例，而且也可以增强小朋友的时间观念，让每个孩子都做时间的主人，做自己行为和活动的主导者。

案例 3.5：从"小兔子吃青草"到"小兔吃得饱饱！"
——感受集体备课中教师的反思、碰撞与思考

南京市实验幼儿园　郑　梅

又到了年级组集体备课的时候了。按照惯例，在讨论完主题线索等内容后，大

家继而转向了对原主题下各教学活动的逐一反思与分析。

"大家再看一看《小兔子吃青草》这个活动，有什么问题或建议吗？"年级组长A老师照例抛出问题引导大家思考。同时，她的提问也打断了大家对前一个话题意犹未尽的争论，现场顿时安静了下来。

短暂的沉默后，B老师首先提出了质疑："为什么要引导幼儿从下往上挑画小草呢？我觉得这个目标似乎有些问题。"B老师的疑问将大家直接引向了对该活动的目标审视。

"那我们来看看，这个活动的核心目标到底（应该）是什么呢？"A老师边说边注视着年级组所有的老师，最后将目光投向负责美术活动修改的C老师，试图获得她的应答。

C老师并没有立刻接过话茬，而是沉吟了片刻，缓缓地说："小班幼儿刚入园时，绘画活动主要是以自由涂鸦为主。随着主题活动的不断深入，幼儿在表现技能上开始有一定的要求，从这个活动的主题设计来看，我认为幼儿的关键技能应该是练习画长短不一的短线……"

"可是，画短线为什么一定要要求幼儿按照从下往上的顺序呢？"B老师接过C老师的话题继续发问，又像是自语。

"小草不就是按照从下往上的方向生长的吗？"一直不语的D老师加入了对话，她的回应也引发其他几位老师的议论："是啊，练习从下往上画短线是教会幼儿按一定的方向画线条，也是帮助幼儿建构画线的技能呀。""似乎现在的美术活动好像不太关注幼儿的技能学习了……这样下去，到了大班恐怕连人都不会画了。"E老师不无担忧地说道。因为在以往的集体备课中，一些诸如练习涂色之类的传统活动也是经过大家的讨论被剔除掉了。

"可是，这是美术活动，不是科学认知活动。美术教育的主要目的应该是发展幼儿的审美能力。如果画小草也要按照它的生长方向来画，岂不是太刻板了。"B老师打断了几位老师的议论，"大家试想一下，我们大人画树、画小草也是按照它们的生长方向来的吗？"B老师边说边用手在空中比划着，试图使自己的质疑更具说服力。

"我比较赞同 B 老师的看法。美术活动中幼儿的审美感受与情感体验应该是首位的，技能的建构与之是相辅相成的，这其实并不矛盾！"F 老师也加入了讨论，"过去的美术活动过于关注幼儿的技能学习了。而现在的美术活动淡化技能学习，并不意味着不关注幼儿的技能经验建构，只是不要生硬地教和学。"停顿片刻，F 老师接着说，"从这个（原）活动的设计来看，并未感受到教师对幼儿审美意识方面的关注和引导。如果是让幼儿添画小草，活动前是否应引导幼儿去观察并欣赏一下小草，感受各种小草生长的方向和高低不同的形态，帮助幼儿积累关于小草的经验。如果是给小兔子添画青草，活动前是否可以带领幼儿观察小兔子？看看它吃草的样子，以及它喜欢吃什么青草？怎样吃？这样，幼儿在活动中添画的小草就是基于自己的观察和已有经验，而不是来自教师的示范和讲解了。至于怎样画青草？我认为不必强求，应该相信幼儿有这样的表现能力。"

C 老师接过 F 老师的话题继续道："从这个活动的主题看——《小兔子吃青草》，其实老师已经注重了情境的创设。设计为小兔子添画青草这样的情境来引导幼儿练习画长短不一的线，这是比较符合小班幼儿年龄特点的。但仅仅这样，我认为还是不够的，是否还可以有进一步的要求或引导呢？"C 老师接着说，"在技能目标上，我觉得应不仅仅是要求幼儿添画长短不一的小草，其实画面的布局也是关键因素：如小草添画在哪里？怎样避免幼儿只局限在画面一角添画，而尽可能多地将小草画满整张纸面？这也是幼儿审美意识的初步养成。"

C 老师的一番话将大家引向了对活动具体环节及策略的关注，有老师不住地点头表示赞许。

年级组长 A 老师提出建议："既然是希望幼儿不要仅仅在画面局部添画小草，希望他们关注画面的整体布局，活动名称干脆改为《小兔吃得饱饱！》是否可以？因为活动的名称对幼儿也有着情感引导的作用，要让小兔子吃得饱饱，便可鼓励幼儿画出更多的青草。"

A 老师的提议得到了大家的一致赞同，"我觉得这个建议很好！从情感的角度引导幼儿关注画面中小草的布局，这是幼儿主动的需要，避免了老师生硬的要求。"

案例反思

这个年级组集体备课的讨论给我留下了深刻的印象。一是有感于我园课程实施过程中,作为建构者与实施者的老师们一直以来持有的认真、审慎的态度——面对既有的教材与活动设计,大家并不盲从,而是本着自己对教育的理解、对儿童的认识,仔细审视每个主题及活动的设计,把握核心价值,并努力通过反思、交流和碰撞,不断加以修正,使之更符合幼儿的发展需要。此案例中,因为有了 B 老师反复不断的质疑,D 老师等的对话,以及 C、F 老师等对问题进一步的剖析和策略阐述,都使得案例研讨活动不断地深入。在此过程中,交流和碰撞的不仅是每位老师对于教育教学活动设计的理解与思考,不同层面老师所秉承的教育教学观、儿童观也在对话与碰撞中不断地得以提升。

此外,课程实施的过程也是我们不断研究儿童,了解儿童,感受儿童发展需要的过程。课程中,哪些是有违儿童自主学习的陈规?哪些是促进儿童主动探索、经验自主建构的有价值的内容?哪些是教师本位、文本本位的反映?哪些才是以幼儿为本的价值体现?这些都需要我们每个课程的建构者和实施者进行认真、审慎的鉴别与筛选,从而去伪存真,使之真正体现综合课程促进儿童自主发展的理念。

当然,儿童是不断发展着的,课程也是动态的。"路漫漫其修远兮",作为教育者的我们也将"上下而求索"!

案例 3.6:当心你身边的小耳朵

南京市建邺区实验幼儿园 严星路

早上,孩子们开始入园了,甜甜和希希两个小姑娘一同走进了教室。甜甜穿了一件红色的花裙子,扎着两根小辫子,辫子上还系着粉色的蝴蝶结。老师见了一把抱住甜甜，忍不住地夸她："甜甜，今天穿的裙子好漂亮，像小公主一样！"甜甜开心地说："我就是小公主！"一旁的希希看着甜甜，又低头看看自己的裤子，眼睛里流露出羡慕的目光，她什么也没说，然后默默地走回了座位。

第二天早上，希希的妈妈拉着希希来"告状"："老师，天气这么凉，希希今天不知怎么了，非要穿裙子，不肯穿裤子，还要我给她扎上辫子，真不听话"。老师问希希："为什么非要穿裙子，不肯穿裤子呀？"希希红着小脸支吾了半天才说："你说甜甜穿裙子漂亮，像小公主，我也想当小公主。"老师听了连忙说："其实，你穿裤子也很漂亮。穿裤子很方便，你看老师也经常穿裤子，对不对呀？"希希听了说道："可是我想穿裙子，让老师喜欢我。"老师哑然，愧疚地抱起希希说："希希不穿裙子老师也喜欢。"希希听了，天真的小脸上露出了笑容。

案例反思

蒙台梭利认为，幼儿具有吸收性的心智。你觉得他好像浑浑噩噩，其实他全盘吸收着周围的信息，文中老师对甜甜不经意的评价，对希希造成了很大的影响：首先，老师对甜甜服装的赞美对幼儿起着隐性暗示，老师不正确的评价对幼儿的心理产生了误导。4—5岁的幼儿正处于具体形象性思维阶段，直观具体的事物对幼儿的思维变化、心理变化都会产生直接的影响，因此当希希小朋友看到甜甜因为穿了漂亮的裙子而被老师夸奖时，希希就认为穿裙子会被老师喜欢，从而导致她产生了穿裙子的强烈需求。其次，老师在夸奖甜甜时忽略了对希希的影响，幼儿是具有个性的个体，教师应尊重幼儿，尤其要关注幼儿的心理需求，公平地对待每一个儿童。

通过这个事件我感受到：教师往往会以成人的眼光来评价孩子，尤其当遇到外形可爱、衣着漂亮的孩子会给予更多的赞赏，却忽略了这种行为对其他孩子造成的心理影响。在本文中，希希小朋友在听到老师对甜甜的赞美后，虽然没有直接表露，但是她的心中是羡慕的，她也想得到老师的关注和喜爱，才会引发后续的穿衣行为。由此可以看出，教师对甜甜的赞美直接影响了希希，希希在内心也希望得到老师的赞美，从而导致希希认为漂亮的衣服是老师喜欢甜甜的原因。幼儿由于其年龄特点，从众心理比较凸显，对待事物的审美能力、辨析能力、判断能力不足，缺乏对事物的正确评价，往往会受家长、老师的左右。作为教师，应正确地评价每一个幼儿，引导幼儿从关注表面、外显事物的美转变为关注内心、品质的美，在向个别幼儿表达喜爱、赞美的同时，将喜爱分享给所有的孩子，以满足所有幼儿的心理需求。

案例 3.7：拐弯的风

南京市实验幼儿园　刘　飞

这是一个难得清凉的夏日午后，我带着孩子们在幼儿园里散步，在这样云淡风轻的日子里才能有好心情去感觉夏日的风情美好呀。

我拉着孩子们的手，面对他们倒着走，孩子们也很自然地簇拥着我一路慢走着。他们一路嘻嘻哈哈地笑着、叽叽喳喳地聊天，不一会就走到了幼儿园种植园地的小径上。墙外的石榴花仍然绽放着，细碎的阳光在枝叶间跳跃，蝉在树上仍是拼命地嘶鸣着。不知不觉中，我们来到了两幢教学楼中间的走廊上。忽然，我发现一部分孩子不走了。就在这时，一个孩子忽然间惊呼起来："好凉快呀。"其他孩子也跟着叫起来："快过来，这里凉快。""风好大。"这时，所有的孩子都迅速挤在了狭小的走廊上，感受着这夏日的凉风。趁着孩子们在享受这难得的夏日凉风的时候，我仔细看了看我们所在的地方。我们所在的走廊地处前后两幢教学楼之间，孩子们正站在高楼之间的夹缝中，原来夏日凉风的秘密在这里呀！

我的心情莫名地跟着兴奋起来，怎么能让孩子发现这个秘密呢？看看时间，离午睡时间越来越近了。我对孩子们说："孩子们，时间不早了，我们一会要上楼午睡了。"接着，按照我的计划，我带着孩子们继续往前面走去，很快离开了刚才所处的走廊。忽然听见身后孩子们七嘴八舌讲话的声音："刘老师，刘老师，又没风了?!"

"齐齐，你感觉还有风啊？""没有风了。""不凉快了。"……一回到了教室，我问孩子们："真奇怪，怎么一会凉快一会又不凉快呢？""这可是秘密！你们先好好睡午觉，下午揭晓答案。"孩子们带着疑问，欣喜地入睡了……

午后的时光过得真快，很快孩子们吃过点心坐在教室里，一张张小脸满是期待地望着我。我拿出了中午准备好的蜡烛点燃，高声对孩子们说："谁来试一试，将蜡烛吹灭呢？""我来！""我来！"……很快，蜡烛灭了。我问孩子们："蜡烛为什么会灭呢？"孩子答："吹灭的呗。""什么吹灭的呢？""有风。"接着，我拿出准备好的一只玻璃瓶和一根蜡烛，将蜡烛点燃，然后在蜡烛前放上玻璃瓶。我对孩子们说："现在瓶子挡住了蜡烛，如果只吹瓶子，蜡烛会灭吗？"孩子们开始纷纷议论起来："这怎么行？""不吹蜡烛怎么能灭呢？""哈哈，吹瓶子？""能。""不能！"孩子们争辩的声音越来越大，我高声说："请小朋友来试一试吧！"他们跃跃欲试，争先恐后地来实验……不一会儿，一张张小脸上充满了不可思议的表情！看着他们的样子，我笑着问："为什么对着瓶子吹，蜡烛会灭呢？"孩子们似乎在努力思索着……怎样才能帮助孩子们理解呢？我灵机一动，请了三位小朋友到前面一字排开。我张开双臂，大声说："我是大风，大风来了！"我对着排头的孩子冲去，眼看就要撞在他身上时，忽然从他的旁边绕了过去……孩子们虚惊了一场。"孩子们，我做大风，遇到挡着我的物体时怎么办？""绕过去。""那你们吹的风遇到挡着蜡烛的玻璃瓶会怎么样呢？""也绕过去。""对，从旁边绕。""我知道，风从瓶子的旁边绕过去，蜡烛才会灭。""你们真能干，这么难的问题你们都会，实在太棒了！风能够吹灭蜡烛是因为它流动的时候会拐弯，就像刚才我这阵风一样，遇见前面有遮挡物的时候，不会直接冲向它，而是从旁边绕过去。所以，你们吹的风不会直接冲向玻璃瓶，而会从玻璃瓶的旁边或缝隙间分流过去，所以蜡烛才会灭的哦。"孩子们一下子雀跃起来，"原来是这样啊！"

"现在我有个问题要问你们，为什么散步时，有的时候有凉风，有的时候又没有呢？""我知道，我们在楼房的中间，风对着我们吹。""你们太棒了，风会从物体的旁边或者缝隙间吹过去哦，就像我们对着玻璃瓶也能吹灭蜡烛一样。""最后一个问题，如果冬天刮大风的时候，请你们站在广告牌后面躲风，行吗？""不行，躲在后面,风会更大的!""为什么呀?""因为风会拐弯,吹得会更冷。""你真棒,是呀,在冬天千万别在广告牌后面躲风,也不能站在高楼的中间,不然吹来的风,会把你们吹的东倒西歪的哦。"我做出东倒西歪的样子,全班孩子们哈哈大笑起来……

感谢这个夏天,感谢这个午后的凉风,感谢这些可爱的孩子们,让我感受到作为一名幼儿教师的快乐!

案例 3.8:教师对不同年龄段幼儿父母使用访谈法的经验反馈[①]

"在这个学年里,我用了大约四周时间开展家长访谈,这次经历对我的触动很大。虽然从教已有 10 年,但这却是我第一次实施家长访谈。通过访谈,我更加清楚地了解了父母是怎样看待他们的孩子的。"

"正因为得到了领导的支持,我才能完成家长访谈。整个访谈需占用两个整天,每次 30 分钟。领导调了其他老师来替我的课。"

"这是我使用过的最为有效的一种评价方法。它让我了解了孩子们的父母,也帮助我对他们的孩子有了更深刻的理解。当两天的访谈结束后,我开始用一种不同的方式来看待孩子们。"

"这一年我访谈了我所教幼儿的父母,这对于更多地了解每个孩子的家庭生活是非常有帮助的。在我对父母进行过访谈后,我立刻明白了为什么孩子们会这么做事或那样说话。下一学年,我会安排两次访问。一次在年初,一次在春季。我认为年初的访问最关键。在之前的访谈之后,我发现我自己对某些孩子更有耐心了,也更加理解他们了。"

---

① [美]戈贝尔.评价幼儿的6种简易方法[M].毛曙阳,译.上海:华东师范大学出版社,2011:61.

案例 3.9：教育记录和反思：儿童的"自我"深深地影响着我对"自我"的认识①

记录者：罗希悦

一、"我的优缺点"

这周课程是孩子们"了解自己的优缺点",学习是从孩子们的爸爸妈妈发来的一段视频开始。习习的妈妈说："我觉得,习习没有缺点,这样说不是因为她是一个完美的小孩,而是因为对于 5 岁的孩子来说,他们一直在学习,他们身上的那些缺点只能说是一些微小的不足。"习习听完后回应道："谢谢妈妈,我觉得您说得很对!"悠悠妈妈说："悠悠的缺点就是有点磨蹭,有时候还很害羞。"悠悠一边捂着耳朵一边说："你说的不对,我不听我不听!"

第二个活动是绘制一棵自己的"优缺点树"。全班有 21 个小朋友参与了这个活动,有 7 人的"优缺点树"上全是优点,占全体小朋友的三分之一,剩下三分之二的小朋友,每个人的缺点最多也只有 2 个。可以说,孩子们对自己的认识非常正向了。

二、儿童可以客观地认识自己吗?

5 岁的孩子,可以客观地认识自己吗?

一鸣：我最大的缺点是容易生气。

澄澄：我最大的缺点是在家里容易对奶奶、妈妈生气。

---

① 胡华. 幼儿教师的教育哲学观——通向幸福的教育之道 [M]. 上海：复旦大学出版社,2022：33—34.

瀚鸿：我最大的缺点是不爱在大家面前说话。

砚迪：我最大的缺点是爱抠手指甲。

若溪：我每天都没法做到早睡早起。

沛霖：我不爱好好刷牙。

君恺：我的缺点是容易打人。

幕雪：我的缺点是有时候我不洗脚就跑床上去了。

泽菡：我有点害羞。

桥松：我的缺点是不爱运动。

大家说的都没错！孩子们对自己的"缺点"也有比较客观的了解。但对于这些小缺点，孩子们似乎并不那么在乎。

悠然：每个人都有缺点，没有人没有缺点，长大了之后就不会再犯小孩子的错误了，比如吃手、尿床。有些缺点是不需要战胜的。

亦奇：缺点改正了就没有了，比如我前几天喜欢睡懒觉，但是我现在就可以早睡早起来幼儿园做早操了。

一鸣：有一些缺点就像一件事情一样，时间长了就忘记了，然后就没有了。我的缺点就是很淘气，但是我觉得淘气就是我的性格，不算是缺点。

从孩子们的回答中，我似乎了解了他们如此自信的原因，不是因为自己特别优秀，而是因为自己对于缺点的认识比成人更加大度。对孩子们来说，他们的自信更像是一种风度。他们不会在意缺点停留在身上后对自己的坏影响，而是用一种积极的心态等待缺点从自己身上离开的那一刻。对儿童来说，缺点就很像自己的一个朋友，在时泰然处之，走时不流连忘返。相比家长，孩子们更能接纳自己的缺点，这应该也是孩子们在听到爸爸妈妈提到自己的缺点时，一脸风平浪静的原因吧！

儿童的自信源于他们天然的生活状态，我们是不是也可以学着像他们那样，恋着自己，也恋着这个世界呢？

案例 3.10：教育记录和反思：教研现场实录①

记录时间：2016 年 6 月 28 日　　主持人：胡华　　参与人：全体教师

每周二中午一点到两点半，是幼儿园固定的教研时间，我们称教研活动为"心田式"教研，因为这样的教研需要在场的人用心灵参与。

1. 教研要研讨真问题，解决老师们的困惑

问题一：

李文老师：关于如何回应儿童，我在教育笔记中做了记录，也有了一些自己的思考，但是在生活中我发现，儿童发生冲突的时候，我们的本能一般都是回应或询问原因，提出建议也是希望他们相互道歉。但是效果似乎并不是很好，儿童也未必能接受，我们还可以怎么做呢？

胡华园长：教师对问题要有透彻的认识，也要有更宽广的视角。我在和孩子们照相的时候，有几个男孩子一直在争执，一会说你挡到我了，一会说你打到我了……我就在旁边说了一句话，"一个男孩子要是总叽叽歪歪的，以后会没有朋友的"。我说完之后，两个男孩全都愣了，他们觉得我说的很有道理啊。在我看来，儿童总是从别人身上寻求到一份满足和宽慰，用来解决自己的问题，这依旧不是一个成熟人格的表现形式。作为教师的我们，要给他更宽广的思考问题的角度，才能让他们拥有更健全的人格。

问题二：

唐彬老师：最近，幼儿园早餐给孩子们增加了新鲜的鸡蛋，我发现班里有个小

---

① 胡华. 幼儿教师的教育哲学观——通向幸福的教育之道［M］. 上海：复旦大学出版社，2022：39—41.

朋友有了一些变化，他只选择喝稀的，却不吃鸡蛋。老师问他，他说在家里已经吃过了，来幼儿园只喝粥，而在家里却说要到幼儿园吃。和家长了解情况后才知道真相，他不喜欢吃鸡蛋，所以两头都说吃过了。作为新手教师，我坚持认为孩子的品德教育是最重要的，所以我想指出孩子的错误，然后帮助他改掉这个缺点，但这样做会伤害孩子吗？

胡华园长：这个孩子的行为有那么严重吗？我们如何定义撒谎行为呢？他只是自己不爱吃鸡蛋而已，当他意识到自己在夹缝中不好解决问题的时候，他用这样的行为来回避问题。如果一个教育工作者轻易地去评判一个人，给儿童贴上一个标签，那么教育工作者的专业性体现在哪里呢？无论如何做，我们都需要对儿童有更深的理解和共情。

唐彬老师：谢谢胡老师的指导，我想我也需要思考：我为什么这么关注孩子的这个行为呢？或许是和我的性格有关？或许和我的认识有关？这让我体察到了，自己的自我意识在和儿童相处的时候是非常强的。这个事件对我有很深的"触碰"。

问题三：

田巍老师：在六月份，我们分组讨论了学习的计划和安排，也确定了每周要做的事情。比如，第一周了解花草园，第二周把孩子们关注的问题找到，第三周通过"项目学习"来进行探索，第四周用艺术化的形式表现出孩子们心目中的花草园。虽然感觉形式很丰富了，可似乎课程还是无法落地，抓手在哪里呢？

胡华园长：比如说我们可以丈量大树，花草园有多少棵树？孩子们可以用他们的方式去数，也可以给树编树牌，给树起名字……孩子们就是这样在一点一滴的学习实践中建立起学习概念的。花草园还有很多地方值得探寻，比如：有多少个鸟窝？鸟平时都在哪里活动？我们可能都要花很长时间来观察它们……在学习中对生活和生命的热爱，就是在这样细细的过程中一点一滴、真实地建立起来的，它是一种流动的感觉，孩子们也在运用他们的"工匠精神"，和事物完成着深度连接。

2. 在反思的基础上，教师要实现课程决策

教师在课程中，必须有一定的决策权。如果他们不能做决策，仅仅按照他人的意愿和要求来做，总是被动的，就无法感受到工作中的创造与快乐。在我们的教研活动中，我们来共同讨论活动线索，而具体的实施与教学，都是要教师自己去完成的。

张蕾老师：孩子们对小池塘提出了很多疑问：有多少块石头？水是怎么来的？小池塘有多大？为什么鱼和乌龟生活在一起就不打架？……

李文老师：孩子们很关心是谁给小池塘注水，多长时间换一次水，是一个星期还是一个月，谁来打扫它。

胡华园长：可以借由孩子们的想象，把花草园想象成一个茂密的丛林，他们可以在丛林中探索。为了使丛林探索更有趣，我们可以搭建营地，修建临时的厕所，还可以在户外进餐，要让孩子们的学习保留完整性。教师要充分地吸纳儿童表达出的信息碎片，然后做出有价值的分类和总结。

田巍老师：我觉得您说的"不打断孩子"特别重要。孩子们的游戏被生活环节一打断，就翻页了，反而影响了他们的学习。当他们不再被"成人的组织"打断的时候，都沉浸在自己的游戏状态中，感觉特别美好。

李文老师：孩子们的视角总是那么细致而独特，珠珠小朋友看着最后完成的花草园手绘图，拉着老师说："你看我们的幼儿园，我看到树屋旁边的一串串葡萄啦！"语气里透露出欣喜和骄傲。

严玉新老师：六月里，我们对花草园的一草一木产生了深度联结，最后和孩子们一起动手完成花草原的平面图。孩子们画、剪、贴、点树叶、点石头，脸上洋溢着满足的表情，感染了我们在场每位老师，我感觉到我们、孩子们和花草园已经是一个整体了。

案例 3.11：教师的教育叙事：我的教育哲学观①

李 洋

我的教育哲学观

1. 教育是和孩子们同频共振的过程

教育是和谐情境下如水流一般的良好互动，也是冲突情境下有意识的良好互动。

作为两个独立的个体，在实施教育的过程中，我们和孩子们在不断地彼此回应之间建立连接。

在这样一个心与心、能量与能量交换的过程中，我们逐渐感受到彼此的善意，找到我们之间相互的最佳模式。当然，这样在心与心之间传递能量的过程并不总是风平浪静、一团和气的，有时候，也伴随着哭声和碰撞。

当碰撞来临时，我们和孩子们都多多少少会对彼此产生情绪。作为教师，作为成人，我们应该做到的一点是有意识地把自己从情绪中剥离出来。当我们积极地去和孩子们建立连接，积极地去破除我们之间的壁垒的时候，教育才逐渐开始。

2. 教育是抓住日常中的每一个契机，支持孩子们学习、探索的过程

教育不一定非得是在特定情境下的特定行为方式，它无处不在，存在于日常生活中的随机片段中：孩子们的游戏、学习、生活、自然中的探索……都藏着教育。很多时候，我们要做的不是非要去凭空创设一个情境，然后借助这个情境把我们所

---

① 胡华. 幼儿教师的教育哲学观——通向幸福的教育之道［M］. 上海：复旦大学出版社，2022：156—157.

认为的知识传递给孩子们,而是要去观察孩子们,去和孩子们一起游戏,然后在他们需要的时候给予帮助。

3. 教育是一段旅程,我们和孩子们相互点亮

在教育的这段旅程中,我们和孩子们都是旅人,我们相互扶持、共同修行,都在寻找着更好的自己。我们把从社会生活中习得的规则、知识传递给孩子们,帮助他们更好地成长为"社会人";孩子们则用他们的赤子之心感染着我们,带领着我们找到最真实的自己。

案例 3.12:教育叙事:在生活中塑造自己的哲学观[①]

胡 华

生活会塑造我们的哲学观,而教育哲学观的形成需要一定的场域。我和很多老师的教育哲学观的形成都是在花草园里完成的。

我是一个对哲学问题很感兴趣的人,喜欢思考一个现象背后的原因,以及这个现象能带来什么变化等问题。

对话在我们的生活中起着很大的作用。脱离了我和教师的对话,哲学观是没法产生的。老师们和孩子们在一起,承接的是孩子们的思想;我和老师们在一起,承接的是老师们的思想。我只有和大家一起讨论的时候,问题才能有清晰的答案。

心灵是一个非常奇妙的东西,这些年,我们的心灵是相通的。这里的心灵是清澈的。心灵是物质的还是精神的?我感觉,它也是物质的,我们中国人叫它"气场"。我很享受和老师们在一起谈论哲学的那种感觉,但我们都需要借助于儿童的力

---

① 胡华. 幼儿教师的教育哲学观——通向幸福的教育之道[M]. 上海:复旦大学出版社,2022:210—212.

量,在那个场域里,相互激发。这个气场一旦形成,就会有一种"能量场",科学、艺术、哲学本质上追求的都是心灵之美。

我坚信:

1. 追求纯粹生活是有意义的。

事物的本质就是事物最纯粹的东西。忘掉自己,放下自己的执念,只有把目光还原到儿童中去的时候,思想才会流动起来。然后发现,任何时候都能拥有自己的"思想流"。其实每个人都有可能找到自己的生命力,但是首先是要放空自己。一个人的直觉和灵感常常来自一颗清明的心。只有内心放空了,智慧的信息才能流向我们。

2. 学做有弹性的人。

当我们能接受自己的不好,就能接受自己的好;当我们能接受自己的软弱,就能接受自己的坚强;当我们能接受自己的无能,就能接受自己的强大;这就叫弹性。当这个弹性空间越来越大的时候,心就变得广阔起来,不再受外在事情的影响。因为那个事情,再大也大不过你的心。我们的工作就是在修一颗"心"。不要害怕自己本来的样子,对自己彻底地诚实和敞开。真正勇敢的人不是没有恐惧、没有弱点的完人,而是在任何情况下都对自己慈悲和诚实的人。

3. 要"息脑运心",用心感受生活。

心灵和头脑的运作是完全不同的。头脑创造出了哲学科学和意识形态。它们看似有答案,但其实又没有答案。头脑有一千零一个问题,但是它从来不接受任何答案,因为它不知道如何接受。心没有问题,但它接受答案。我希望老师们在工作中能够"息脑运心",让心灵释放出更大的空间。那种什么都想到、想透、想得很周全、精细,对各种事情有太强、太清醒判断力的教师,反而会丢掉生活和思想情感中那些感性的、偶然的、独特的、生动活泼的、对儿童发展更有价值的东西。

4. 生活可以让我们拥有智慧。

每个人都可以在回归简单中拥有生活的智慧。"智慧"一词常被人连在一起使用,但在现实生活中,"智"与"慧"表现出的却是两个不同的状态。拥有"智"的人学习能力强，获取知识的速度会更快一些；拥有"慧"的人则表现出对事物状态之外的一种预见、把握、变通，甚至是放弃的能力，"智"是大脑的直接产物，而"慧"则和心灵相通。"智"是为人生做加法，而"慧"更多时候是为人生做减法。我们每个人都可以成为更智慧的人。

5. 面对问题，学会臣服。

慢下来，才能感觉到自己的生命节奏。不要总是沉溺在生活的节奏里，而是应该寻找生命的节奏，这是我们要向孩子们学习的地方，当我们顺遂万物、如其所是时，会处在那种内在气场中，处在那种不执取的内在态度中，就具备了一个非常有生命力的空间——一种意识有力的状态，在那样的臣服时刻，某些重要的东西就会来到我们身边，脱离头脑的紧缩与认同（焦虑与烦恼），回归到自然的状态里（宁静与平和）。

6. 学会一种安然生活的态度。

安心、安然的态度是我们积极倡导的。如果一直赶目标，是走不好路的；如果显能也是走不好路的；如果努力也未必能走好。世界上有很多事情没做好，恰恰是因为太努力了。因为努力是向外走，用的是力量或谋划。若是用心，心恰是在宁静里，在干净里，在恭敬里。

7. 掌握生活的平衡之道。

当我们换了一个空间，换了一个时间，就会重新感受到生活和生命的另一种东西。生活和生命应该是处于一个平衡的状态，而这个平衡一边是工作，一边是自己的闲暇时光，一个人不可能一直都在工作中奔跑，所以我们需要找到生活和生命的平衡关系。

第四章　幼儿园教师的教育工作计划与总结

一个有良好规划的园所，往往能够建立起更加科学合理的规章制度，日渐形成优良的园所文化，从而更深层次地推进幼儿园各方面工作质量的提升。

第一节　教育工作计划与总结的概念和价值

一、教育工作计划与总结的概念和内容

制定教育工作计划和总结是教师的一项日常工作。教师的教育工作计划是确定教育行为的纲领与方案，是教师为了完成教育目标和任务而提出的线路设计和安排，包括具体目标、内容以及措施。有了计划，完成教育教学任务就有了时间和制度上的保证。教育工作计划与总结包括班级工作计划和教育教学工作计划与总结，班级工作计划是根据幼儿园园务工作的整体目标与措施，根据本班的实际制定的需要完成的目标与重点工作，以及具体的方法与步骤。教育教学工作计划是依据课程目标，针对本班儿童的年龄特点与发展需求，制定的主要教育内容、组织形式、方法手段、指导重点等。教育工作总结是教师针对计划，对班级管理工作与教育教学工作进行经验提升与效果反思，是关于目标是否达到或在多大程度上已达到的一类文字表述，在总结中教师可以记录下对活动效果的分析和自身的感受与体会。基于班级实际的教育工作计划与总结能有序地推动班级教育工作的开展，能在反思、提炼本阶段班级工作的基础上为下一阶段的工作提供依据。这不仅能有效地规划班级教育教学工作，同时通过过程资料的整理，为进行班级中基于问题的研究积累素材。

二、教育工作计划与总结的价值

（一）有利于教师合理有效地利用时间，为计划的制定提供依据

一份好的教育教学工作计划能够有效避免时间的浪费，提高工作的效益。计划越细致具体，那么落实的可能性也越大。通过制定好具体的计划，教师就会明

确在什么时候做什么事情。由于工作安排有了提前量，也可以为具体活动进行更多的准备。安定有序的工作氛围、井然有序的工作安排能促进教育教学效果的明显提升。同样，工作总结也能让教师梳理思路，对照预先的计划，检查活动的落实情况，分析优势与不足，对活动的整体效果进行反思。为下一阶段的计划制定提供依据。

（二）有利于教师实现预定的教育目标，形成有效的研究成果

有了明确的工作计划，那么落实预定的目标就会显得更加容易。管理专家们认为，某人之所以没有实现某个目标，往往是因为他根本就没有认真地进行规划。如果教师在各个阶段没有具体的计划，那么在工作告一段落时就很难有具体的、可期待的工作成果。而工作总结能够让教师迅速地对目标进行回顾，汲取经验教训，探索班级教育教学工作的规律，归纳总结出最具代表性和说明力的教育教学成果。

（三）有利于总结经验，能提高幼儿园教育的质量

有了计划和总结，教师在基于班级与儿童实际的基础上，就可以系统地整合班级资源，有的放矢地安排自己的工作，总结出好的经验和做法，发现自己的优势和特色。同时能够帮助教师与幼儿园发现班级管理、教学工作存在的问题，班级与幼儿园的整体工作效率也会大提高，教师的专业水平与能力也会有较大的提升，幼儿园的教育质量也会随之得以全面的提升。一个有良好规划的幼儿园，往往能够建立起更加科学合理的规章制度，逐渐形成优良的园所文化，从而更深层次地推进幼儿园各方面工作质量的提升。

第二节 如何写好教育工作计划与总结

一、要具有针对性，有利于幼儿园中心任务的完成

计划和总结有了针对性，就能使教师更加明确最近要完成的中心任务是什么，明确应该通过哪些手段来实现预定的目标，对任务的完成时间有清晰的认识，对已经取得的成绩和存在的问题有进一步的了解。不同类型的教学工作计划的目标可能有大有小，但是必须十分明确。例如，有的幼儿园在工作目标中提出要开展或深化某项课题研究，有的幼儿园把班级区域环境的调整作为本学期的重点研究任务。有的幼儿园把提高教师的观察能力作为本学期的重点要求。一些教师会把计划和总结看为一项应付性的差事，拿往年的计划和总结来替代当前的计划和总结，就会让这项工作的意义大大下降。

此外，教育教学工作计划和总结要尽可能地具体和明确。在计划中要标明完成的时间，注明责任人。教育教学的工作计划和总结要尽可能详细，在工作总结中要明确具体取得了哪些成绩，对存在的问题要分析到位，并提出切实有效的改进策略。

二、要具有一定的专业引领性，有利于教师专业水平的提升

教师通过总结具体的工作经验，学习领会先进的教育思想，可以让自己的计划和总结具有一定的专业引领性和先进性，从而促进自身专业水平的提高和园所整体质量的提升。例如，通过理论的学习，教师发现只有充分地观察了解幼儿的发展情况，只有尽可能多地理解幼儿，才能真正发挥好教师的支持和引导作用。因此，在

教育教学的总结中教师可以用具体的事例和数据凸显观察和记录的重要意义。又如，有的教师在总结中提到，一学期以来，通过加强班级日志工作，教师和幼儿都形成了更加深切的记录意识，班级的凝聚力也不断增强。由此我们看到，通过增强计划和总结的专业引领性可以不断提高教师的反思能力，不断提升幼儿园的整体教育质量。

三、要具有一定的创新性和灵活性

教育教学的计划和总结也要体现出创新性和灵活性。每个教师和每个班级的具体情况都各不相同，因此，计划和总结也不可能是千篇一律的。有时候，预先设计好的方案也会根据具体情况做必要的调整，有时候，大家总结出的经验也会有一定的局限性，因此，教师在写计划和总结时要突出创新性，要体现出一定的个性。教育教学工作计划并不是固定不变的，可根据具体的情况灵活地进行调整，如天气因素、与其他活动时间相互冲突或身体原因等都可能使得原来的计划要做适当的调整。教师可以在原计划上作出明确的标注，并写明原因。幼儿园的管理者要鼓励教师创造性地写计划和总结，允许大家在内容和形式上有新的变化，让教师有更多的发挥空间。

幼儿园还可以通过交流和评比等方式，发现和肯定典型案例，对表现优异的教师予以表扬和一定的奖励。同时，幼儿园还要以多种方式了解别的园所和教师是如何写好计划和总结的，并组织教师进行学习借鉴。

四、把握教育工作计划与总结撰写要领

教育工作计划与总结包括园所工作计划与总结和班级工作计划与总结，下面笔者具体谈一下这两项工作的写作要点。

(一)园所工作计划和总结撰写

依据《幼儿园工作规程》,根据国家和各省市自治区关于学前教育的各项法规文件和要求,幼儿园可以结合自身实际情况制定学期工作计划。一般来说,计划的内容包括三个方面,即情况分析、主要工作目标和具体措施和工作安排。在情况分析中,园所需要对现有的幼儿情况、教师情况和其他各类情况进行分析了解。在主要工作目标中要尽可能全面地涵盖到本学期工作的各个方面,包括:整体发展思路、园务管理、保教质量提升、儿童全面发展、教师专业发展、课题项目研究、家园合作和安全卫生后勤等方面。在具体措施和工作安排中,要把各项任务要求具体细化,并落实安排到各个时间段中,让每一个教职员工都能明确自身的工作职责。同时,园所的整体工作计划可以引领各个班级提高认识,明确重点,形成共识,并根据各班级的实际情况具体加以落实和细化。在学期工作总结中,各园所可以根据学期计划和工作目标来具体进行阐述,并认真做好反思复盘和经验总结工作。在本章中我们提供了几张计划样表(具体参见表 4.1、4.2 和 4.3),教师可根据自身实际情况参考和借鉴。

表 4.1 _____幼儿园_____学年第一学期工作计划表(样表)[1]

栏目类别	内容和要求					
一、情况分析						
二、主要工作目标						
三、具体措施和工作安排	具体措施	9月	10月	11月	12月	1月
1. 整体发展						
2. 园务管理						
3. 保教质量						
4. 儿童全面发展						
5. 教师专业发展						

---

[1] 本样表由南京师范大学吴江实验幼儿园提供,有修改。

续　表

栏目类别	内容和要求				
6. 课题项目研究					
7. 家园合作					
8. 安全卫生后勤					
备注					

表 4.2　_____幼儿园各教研组学期工作安排表（样表）

项目组	组长	组员	主要目标和任务
1. 小班年级组			
2. 中班年级组			
3. 大班年级组			
4. 某某教研组			
……			
备注：			

表 4.3　_____幼儿园各类大型活动学期安排计划表（样表）

	周一	周二	周三	周四	周五
第1周					
第2周					
第3周					
……					
备注					

（二）班级工作计划和总结的撰写

依据《幼儿园工作规程》的要求，各个班级在参照园所计划的基础上，围绕班级管理、保教工作、家长工作、环境创设和安全卫生工作等进行规划，班级工作计划要根据幼儿园学期园务计划的工作思路、重点工作，立足班级现状制定工作目标、具体措施。班级工作计划应包括：（1）现状分析：主要是对前期各项工作开展情况的回顾与对存在的问题所作的分析；（2）具体工作目标：主要是对各项工作本学期所要完成的任务进行罗列；（3）具体措施：是完成目标所要实施的具体途径、方法和手段；（4）时间安排：主要列出学期中每月或每周具体工作的安排。班级工作总结要依据计划对各项重点工作做全面的回顾与总结，总结要肯定班级各项工作的成绩，并发现存在的问题。在分析的基础上，归纳成功的经验，找出带规律性的东西，为提炼有效经验提供素材。总结撰写切忌罗列现象，记流水账。

依据《幼儿园教育指导纲要》中的组织与实施的要求，进行基于班本实际的计划与总结。班级教育教学计划的制定要围绕本园所实施的课程的目标与内容，结合班级儿童的年龄特点与发展需求，按阶段、时间进行规划，并要做到层层落实，从笼统到具体，体现连续性、渐进性的特点。从时间来分：教育教学计划包括：学期计划、月计划，周计划（日计划），具体活动计划等。要对前一阶段某一领域或专题中儿童发展认知、能力、情感（态度）进行现状分析，在此基础上制定本班儿童的发展目标和计划。周（日）计划要包括一日活动的所有环节和内容，并针对全体与个别儿童教育的重点要求与指导要点。具体活动计划，如集体教学活动计划、区域游戏计划等既要关注该组织形式中教师的作用，又要关注儿童学习的特点。应该看到目前教师形成的文本计划大多是预成的内容，无法在计划实施中随时关注到以儿童经验为主体的生成活动。因此，教师的预设应留有空间，在活动实施过程中做到不为既定的计划所束缚，及时调整，使计划贴近儿童的发展与需求，以便有效地落实。教育教学总结一般是以活动反思的形式呈现，是对儿童发展的阶段效果进行反思，重点关注孩子们感兴趣和关注的问题以及孩子们在活动中的收获和能力发展。

案例 4.1：南京市鼓楼幼儿园 2011—2012 学年度第一学期教育教学工作计划

一、加强理论学习，提升专业素养

1. 采用自主学习、读书沙龙等形式，引导教师加强理论学习，精读《儿童行为管理》《窗边的小豆豆》等与教育相关的书籍，并结合自己实际工作中的体会写出读后感在园内进行交流。

2. 选取教育教学中的典型问题采用案例分析、专题研讨的方式，引导教师积极参与讨论，学会理性分析，从促进儿童身心健康发展的角度，将以儿童为本的理念落实到实践中。

形式：自学活动、读书沙龙、案例评析

二、贯彻《幼儿园教育指导纲要》精神，注重过程研究

1. 加强教师对幼儿区域活动指导策略的研究，以游戏观摩、实录、评析的方式，提高教师关注儿童学习过程、关注儿童学习品质培养的意识和能力。

2. 继续对"社会、音乐、体育、美术"四个领域教育教学活动开展研究，在遵循儿童学习特点和各领域特点的基础上，从教师有效提问策略、有效指导方式两方面入手展开研究，坚持理论学习与实践操作相结合的研讨方式，切实提高教育教学质量，促进儿童积极、主动地发展。

形式：微型讲座、教研活动观摩、优秀教学活动展示

三、构建发展平台，打造优秀团队

1. 开展新一轮师徒结对活动，加强"师带徒"的管理，积极开展师傅教学活动

展示、徒弟教学活动汇报、互评互议的活动,通过多种形式的研究活动,为青年教师的成长创造条件。

2. 评选"优秀学科带头人",成立 2—3 个学科带头人工作室,定期面向全体教师开设讲座、示范课,充分发挥优秀教师的辐射和示范作用。

3. 鼓励教师积极参与省市各项论文评比活动,鼓励骨干教师积极申报市区级个人研究课题,提高教师的研究意识和科研能力。

形式:师带徒活动、学科带头人工作室、论文评选、个人课题申报

案例 4.2:南京市实验幼儿园 2012—2013 学年度第二学期教育教学工作计划

指导思想

深入贯彻、落实各级各类文件精神,以实现幼儿园"十二五规划"为目标,紧密围绕全园工作计划及区教研计划的各项部署,以做好教育部重点课题《综合课程文化再构》的成果总结和结题为契机,进一步加强教研管理,深化研究内容,为教师的成长与发展搭建平台。

教育教学工作计划

一、加强课程研究　不断提升教师的课程实践能力

1. 加强日常视导,关注课程实施及计划的执行,通过随机、跟进听课(确保 6

年以上的教师听课 1 次/每学期，6 年以内的教师听课 2 次/每学期）、反馈与交流，提高班级日常教育教学质效。

2. 为进一步凸显课程追随儿童发展的理念，结合园本教材第四版的修订出版，改进教师的备课方式，拟将一日环节（日常、游戏、区域等）的周计划调整为建立在反思基础上的逐日计划，加强对班级幼儿兴趣与需要以及经验建构的研究。

3. 围绕课程实施，定期（2 周一次）开展各年级组内的同课异构教研活动，加强研讨与交流，促进教师对综合课程整体、联系、连续、和谐特质的理解及有效实施课程的能力。

4. 依托省课程研究基地班前期区域活动研究的成果，广泛开展区域活动研究。通过试点班的观摩、年级组内、园际观摩与交流，努力突破固有的思维模式，重视区域活动在课程以及幼儿成长中的作用，加强对班级空间、区域设置、材料投放等环节的研究，力求让活动室的每一个空间都能满足幼儿个性化学习与发展的需要。5 月份，各年级组将开展区域活动的观摩活动。

二、以校本研修为载体 努力提高教师观察与解读儿童的水平

1. 深入学习《3—6 岁儿童学习与发展指南》，依托专家引领，通过自主学习以及团队互助相结合的形式，掌握不同年龄段儿童身心发展的特点与规律，为更好地实施儿童教育奠定基础。

2. 为全面提高我园教师观察儿童、解读儿童的水平，本学期将开展深入、系统的业务学习，引导教师有效运用观察、谈话、家园联系、作品分析等多种方法，客观、全面地了解和评价儿童，为综合课程实施提供客观依据。

3. 加强教师对班级儿童的观察与分析，鼓励教师定期撰写观察记录和教育故事，努力在观察和反思过程中切实将教育目标落实到每一个儿童身上。6 月份，组织教师开展观察记录评比活动，通过评比、交流，积累提升观察记录撰写水平。

4. 结合鼓楼区"爱·教育的永恒"教育叙事评选活动，发动全园教师积极参与，力争在优秀论文的数量和质量上均有所突破（3 月底全园征集完毕、4 月份送交区级评选）。

三、加强教师队伍建设　　努力为各层级教师的发展搭建平台

1. 继续开展"名师工作坊"活动，有计划地做好骨干、青年教师特色及层级培养，各领域工作坊将有计划地（每月1—2次）开展观摩、研讨等活动，并继续做好过程指导及资料的积累工作。

2. 结合两年一度的区级骨干教师评选活动（3月份提交材料），依据标准选拔条件优秀的青年教师参加评选，促进教师队伍建设。

3. 继续开展"寻访十所《规程》试点园"活动，通过组织教师对姐妹园的深入考察和交流，汲取有效经验，继续为综合课程建设增添新动力。

四、加强过程与细节研究　　彰显特色活动魅力

1. 继续引导各年级组开展丰富、多彩的主题特色活动，努力在传承传统特色的基础上，大胆突破，锐意创新。着重加强对主题特色活动的过程与细节研究，在关注课程发展变化的基础上，研究儿童的发展需要，发挥儿童在活动中的能动性，引导儿童积极参与，充分践行"儿童是课程主体"的综合课程理念。

2. 深入开展"读书月"活动，营造书香校园。努力探索丰富多样的活动内容与形式，积极引导家长多方位参与活动过程，创新活动组织形式，发挥家园共育作用。

3. 重视安全教育，结合年级组备课合理安排教育内容，通过日常生活、特色活动渗透安全教育，努力根据幼儿的兴趣、需要创新活动形式，不断增强幼儿的安全意识。

五、规范资源管理　　完善课程资源库建设

1. 不断丰富和完善主题资源库的内容和材料，增加全园性、年级组大活动资源的入库整理归档工作；各年级组细化分工，落实到人，有系统地完善教学、区域活动的相关材料，定期整理、编排电子目录，及时登记入库。

2. 借助数字平台，力求实现主题资源库的"目录检索、视频在线播放、自动管理"等功能，提高效率，为教育教学提供更多的便捷。

案例 4.3：南京市实验幼儿园 2012 年下半学期保健工作计划

南京市实验幼儿园　李　琦

以《幼儿园工作规程》精神为指导，认真执行《托儿所幼儿园卫生保健工作常规》。结合幼儿园学年度工作计划，制定合理的卫生保健工作计划，把幼儿园安全、卫生、保健工作放在主要位置，确保每个孩子在幼儿园健康快乐成长。

一、把好本学期新入园幼儿的体检关，对于新入园幼儿必须持有体检证及预防接种证，并且体检合格后才准入园；做好接种、漏种登记，做好在园幼儿的年度体检，完成全园教职员工的年度体检；对于体弱幼儿建立管理档案。

二、做好晨检工作，严格按照"一摸、二看、三问、四查"的制度；天气渐凉，每天做好带药幼儿的带药记录工作，并按时喂药，做好幼儿的全天观察记录。

三、做好秋冬季节的保暖工作，按时帮幼儿脱、添衣服；做好秋冬季节常见病、多发病的预防工作；做好秋季的消杀、灭蚊工作，消灭传染病的传染源、切断传播途径，杜绝秋季传染病在园内的发生。

四、开展幼儿健康教育，提高幼儿心理素质；开展幼儿安全教育，提高幼儿的安全意识。

五、做好每周带量食谱的制定，并严格监督执行；幼儿膳食实行花样化、多样化，稀稠搭配，根据季节、气候特点对食谱进行科学、合理的调整，定期参加"伙委会"活动，对伙食中存在的问题及时解决。

六、认真贯彻、落实每周一小检、每月一大检的卫生检查制度，杜绝一切卫生死角，做好教室内每天的通风工作，使幼儿有一个干净、明朗、清爽的生活环境；定期参加安全大检查，发现问题及时上报解决，以保证幼儿在园内活动的安全性。

七、对保育员进行定期的业务培训、学习，实行以老带新的工作作风，不断提高保育员的业务知识，提高服务质量，使全园同心协力把工作做得更好。

八、写好期末各项统计，写期末保健工作总结，认真做好年报表。

附：每月保育工作重点

九月份

1. 了解幼儿假期身体情况，对缺勤幼儿查明原因，做好疾病的预防工作。

2. 把好小班幼儿入园关。核对每位幼儿的体检单，对缺少的项目要求重新检查，收齐幼儿预防接种证及进行编号、登记。

3. 检查室外大型运动器具，发现问题及时修理，并做好登记、挂牌。

4. 根据季节的变化及时进行板报宣传。

5. 划分卫生包干区。

6. 保健室配置必需的药品，为各班小药箱补充必备物品。

7. 中班安排换牙的健康常识课。

十月份

1. 指导帮助新上岗教师、保育员日常保育护理等工作。

2. 大班幼儿测查视力。

3. 为满四周岁幼儿进行预防接种（口服糖丸，麻疹），保证接种率100%。

4. 加强对食物器具的消毒与管理。

5. 对保育员进行业务指导，加强卫生消毒管理。把好卫生消毒关，保健人员定期检查，有记录。

十一月份

1. 中班幼儿查视力，发现问题及时与家长联系，对检查中视力有问题的幼儿都要进行复查，复查后要求有回条记录。

2. 根据季节及传染病流行情况，提前做好预防工作。

3. 加强幼儿保健护理工作的检查，如：洗手、卷袖、擦油、晒鞋子、换座位等。

4. 配合小班进行卫生常识教育《我有一双干净的手》,对幼儿进行卫生习惯的检查。

5. 召开超重儿、体弱儿家长会,请儿保专家来园指导、开展咨询。

6. 结合保育工作规范,检查各班保育工作消毒制度的执行情况。

十二月份

1. 家长学校讲座:幼儿园卫生保健(小班组)。

2. 配合防疫部门做好为满四周岁幼儿注射流脑和麻疹疫苗,及吃糖丸的预防接种工作,确保接种率达到100%。

3. 全园幼儿测量身高、体重,进行评价分析。

4. 做好保健账册的统计、填写工作。

5. 填写好幼儿健康状况登记表,按时发放给家长。对肥胖儿、体弱儿发放假期特别提醒。

6. 做好保健工作总结。

案例 4.4:中班第 17 周计划(上海市静安区南阳幼儿园)[①]

日期:2009 年 12 月 21 日—26 日

项目	时间	星期一	星期二	星期三	星期四	星期五	反馈与调整
生活	内容	1. 学习按顺序穿脱衣裤;2. 谈话活动:这样穿衣不着凉。					午睡时,发现不少幼儿仍喜欢站在地上穿衣服……下周可把班级的生活内容事先告知家长,争取相
	观察与指导	1. 观察幼儿午睡时是否先脱裤子,再坐在被窝里脱衣服;是否会脱一件叠一件;起床时是否在被窝里先穿衣服,再穿裤子。2. 适当帮助并给刚来园的幼儿穿毛衣。					

---

① 黄琼. 学前教育:我的梦想与追求 [M]. 上海:上海教育出版社,2011:181.

续 表

项目		时间	星期一	星期二	星期三	星期四	星期五	反馈与调整
运动	内容	集体活动	乌龟背砖头	小猴爬竿	乌龟背砖头	小猴爬竿	乌龟背砖头	互配合，共同培养幼儿冬天正确穿脱衣服的能力。 新授的律动操幼儿基本学会，但还不能跟上音乐节奏。下周教师的口令要与音乐的节奏"同步"，做到动作整齐。 "点心铺"游戏中发现"小点心"不够，下周要多提供制作点心的材料。班里有好几个孩子这周过生日，带来了糖果、糕点、水果与同伴分享，生日的食物不仅包装漂亮，而且颜色、口味、形状、营养也各不相同。因此，下周"好吃的食物"主题可以逐步开展。
		分散活动	运西瓜、拍皮球、羊角球、滑板车、钻纸箱、翻越小山（轮胎）、小猴摘桃（竹梯、竹竿）					
	观察与指导		1. 观察幼儿在练习边走（或跑）时，是否会反手将物品控制在背上，不滑落。2. 观察幼儿爬梯子时是否手脚交替协调，爬到高处不害怕。3. 提醒幼儿出汗了及时脱衣服并放在规定的地方。					
游戏	内容		儿童医院、娃娃家、点心铺、美美服装店、幼儿园					
	观察重点		1. 观察幼儿扮演角色时，是否有较强的角色意识（知道什么角色该做什么事情）。2. 重点观察"点心铺"游戏中，幼儿是否会选择使用各种材料进行游戏。					
学习	主题		我爱我家：1. 尝试采用多种方法，了解自己的家。2. 尊重父母和长辈，感受家的温暖。					
	个别学习	内容	布置新家、贴瓷砖、我家的电话号码、挂窗帘、全家福、绘本、飞行棋、拼图等。					
		观察与指导	1. 观察幼儿是否愿意主动选择材料进行活动，活动后物归原处。2. 交流分享中，观察幼儿是否愿意大胆表达。（"今天玩了什么和什么？""是怎么玩的？"）					
	集体学习		一家人（综合活动）	爸爸的手（以语言活动为主）	给爷爷奶奶捶捶背（以艺术领域为主）	美丽的房子（综合活动）	给家人买礼物（以数学领域为主）	
	家园共育		1. 开展"我爱我家"过程中，请家长关注幼儿在家中收集有关信息的情况，并鼓励幼儿及时与家长交流。2. 家教话题：冬天话保健。3. 个别联系：与超重、营养不良的幼儿家长取得联系。					

案例 4.5：中班第 15 周活动计划表
（深圳市龙岗中专附属实验幼儿园提供）

日期：2012 年 12 月 10 日—12 月 14 日

时间					
周重点	1. 教育幼儿懂得照顾自己和同伴，学会根据天气增减衣服，增强自理能力。 2. 开展"图书、玩具跳蚤市场"活动，让幼儿感受与人分享的快乐。 3. 调整班级区域材料和主题环境，加强班级常规建设，迎接市级评估。				
时间	星期一	星期二	星期三	星期四	星期五
7：50—8：20 晨间活动	1. 入园；2. 早锻炼。				
8：20—9：00 餐后活动	盥洗、分享早餐、随机谈话、餐后活动（玩具、图书棋类分享等）				
9：00—10：10 学习活动	1. 集体活动：《我的家住在哪里？》（科学） 2. 区域自选活动	1. 区域自选活动 2. 小组活动《漂亮的社区》（美工）	1. 集体活动：《我爱我的家》（音乐） 2. 区域自选活动	1. 小集体： A 组：《爸爸妈妈的工作》（社会） B 组：《社区里有什么？》（社会） 2. 区域自选活动	1. 小集体： A 组：《爸爸妈妈的工作》（社会） B 组：《社区里有什么？》（社会） 2. 区域自选活动
10：10—11：20 户外活动	课间操 重点练习：跨栏	课间操 重点练习：投掷	课间操 重点练习：爬山坡	课间操 重点练习：拍球	课间操 重点练习：走平衡木

(续表)

时间	星期一	星期二	星期三	星期四	星期五
11：20—12：10	餐前活动；分享午餐；散步				
12：10—15：30	午睡、起床、户外律动活动、午点				
15：30—16：00 学习活动	认识活动：热闹的大街	制作活动：车辆	音乐活动：车上的轮子	绘画活动：热闹的大街	复习
16：00—16：30 户外活动	沙水游戏	游戏：跳跳球	玩小型玩具：滑滑梯	游戏：爬假山	游戏：滚滚滚
家长工作	1. 鼓励孩子在家的行为习惯与幼儿园同步，让幼儿学会自己的事情自己做。2. 请家长朋友按照食品区预约表为幼儿准备相应的材料，要求食品新鲜。3. 和孩子一起准备"图书、玩具跳蚤市场"的物品，鼓励孩子积极参与，动手制作海报。				

案例 4.6：中班周活动计划表（南京市实验幼儿园提供）

日期：2012 年 9 月 3 日—9 月 7 日
上午的周计划表

环节	活动内容
晨间活动	1. 桌面游戏：（内容、指导要点及与主题的联系） ● 熟悉各类游戏材料的摆放位置，能将玩过的材料分类、收拾整齐，放回原位。 ● 能主动探索新的游戏材料的玩法，并与同伴交流有益的经验。 2. 晨间谈话：（含点名） ● 认识新朋友（鼓励并引导插班的新朋友主动在集体中自我介绍）。 ● 能主动对新朋友说一句"甜甜话"，愿意与新朋友亲亲、抱抱。

续表

环节	活动内容
晨间活动	3. 点心： ● 有序地如厕、洗手，能较迅速地在毛巾架、茶杯架找到自己的姓名标记，使用自己的物品。 ● 巩固食用点心的常规：能安静、迅速地吃完自己的一份点心。
早操体锻	● 认识本班新的户外活动场地，树立安全意识（不攀爬栏杆）。 ● 能迅速地找到自己的点子；学习拍手操，掌握各操节的动作内容。
户外活动	● 参观邻班以及本楼层的其他班级，了解幼儿园各主要功能室的位置，熟悉新环境。 ● 巩固上、下楼的常规，树立安全意识。
游戏	● 熟悉各游戏场地、材料、规则等，能将各类材料摆放整齐。 ● 讨论"我们的新游戏"，能大胆地说出自己对班级游戏的想法、建议，积极参加为新游戏准备材料的活动。 ● 愿意邀请新朋友共同游戏，帮助新朋友尽快地适应新环境。
餐前准备	● 与同伴交流自己的"旅行小报"，能边看照片边向同伴介绍自己"暑期去了哪里？""发生了什么有趣的事情？" ● 巩固搬椅子、洗手等日常生活常规。
主题环境创设	● 创设"我升中班啦！"主题活动专栏，引导幼儿交流自己的劳动包干区以及新小组的标记。 ● 展示幼儿的自画像"中班的我"作品，引导幼儿相互欣赏。 ● 创设"暑期小生活"专栏，相互交流、欣赏"旅行小报"及假期作品等。
教学活动安排	<table><tr><td>周一</td><td>周二</td><td>周三</td><td>周四</td><td>周五</td></tr><tr><td>综合活动：我们见面了！</td><td>社会活动：我们在一组</td><td>语言活动：别说我小 体育活动：球与气</td><td>音乐活动：我是中班小朋友</td><td>美术活动：中班的我</td></tr></table>

下午的周计划表：

活动环节	活 动 内 容
生活活动	1. 散步： ● 散步经过小班时，能主动关心弟弟、妹妹，向弟弟、妹妹问好，由此体验自己升班的快乐和自豪。 ● 继续交流自己的暑假见闻。 2. 午睡： ● 帮助插班生适应新集体，午睡时多给予关注和安慰。 ● 巩固午睡常规，能安静、独立地穿脱衣服，并继续养成独立入睡的好习惯。 3. 点心： ● 巩固食用点心的常规：能身体靠近桌子，并用点心盘接住掉落的点心屑。
体育锻炼	● 复习体育游戏"老狼、老狼几点钟？""吹泡泡"等。 ● 游戏"找点子"：熟悉早操新点子，能听信号迅速回到自己的点位。 ● 继续学习新早操"拍手操"，动作认真、连贯。
区域活动	（列出每天指导重点区域内容） ● 周一　益智区"找不同"：提供5—7处不同的2组照片，鼓励幼儿找出其中的差异处。 ● 周二　科学区"瓶子演奏会"：提供一组6—7个相同的瓶子（瓶内水量不等）、筷子一根，引导幼儿用筷子敲击瓶子，发现各瓶子音色的差异。 ● 周三　美工区"中班的我"：引导幼儿学习"留边剪"的技能。 ● 周四　生活区"我帮妈妈晾衣服"：引导幼儿尝试用衣架将衣服撑好，并挂在晾衣杆上。 ● 周五　数学区"点卡排排队"：能将1—5的点卡按序摆放在分类盒，并会匹配相应量的实物。
离园活动	● 熟悉班级各区域的分布，重点了解与语言区合并后的讨论区内的规则要求。 ● 讨论、交流"在园、在家怎样当好中班的小朋友"，明确要求，有做中班小朋友的愿望和积极性。
家园联系	● 教师重点了解部分适应性慢的幼儿及插班生假期生活的情况，与家长取得一致意见，并采取相应的措施，帮助幼儿尽快适应新环境、新生活。 ● 教师提醒家长帮助幼儿养成早、晚刷牙的习惯，掌握正确的刷牙方法。

案例 4.7：幼儿一日生活安排表

（南京师范大学吴江实验幼儿园提供）

时间	活动环节	活动内容和重点
8:00—9:10	1. 入园、自主点心和区域游戏	(1) 一位教师负责迎接幼儿，温暖问候每一位幼儿，另一位教师在教室里照护已到幼儿。 (2) 幼儿可以自主签到，制定游戏计划，根据自己的意愿参与区域游戏活动。 (3) 幼儿在点心区自主吃点心。 (4) 教师提前准备好相关活动材料，以小组或个别的形式指导幼儿。
9:15—9:30	2. 晨谈	(1) 晨谈时大家相互问候。 (2) 晨谈内容可以是天气、今天流程、需遵守的规则、近期孩子们关心的话题及班级的新材料。
9:30—10:30	3. 户外活动	(1) 户外活动中需包括热身律动、体能小循环（保证幼儿有一定的运动量）、自主体能活动、户外游戏活动（幼儿自主选择器械并进行探索和游戏）、集合、放松和整理活动。 (2) 在必要时，提醒幼儿适量饮水和增减衣服。
10:30—11:10	4. 环节转换、集体活动	(1) 环节转换中幼儿可以喝水、上厕所和观察自然角。 (2) 在集体活动中可反思与回顾上午的活动、开展与项目研究有关的讨论或开展集体教学。
11:10—11:45	5. 餐前准备和午餐	(1) 师幼共同做好各项餐前的准备工作。 (2) 餐前准备时可开展分享阅读或音乐欣赏活动。 (3) 鼓励幼儿愉快进餐并养成良好的就餐习惯。

续表

时间	活动环节	活动内容和重点
11:45—12:00	6. 餐后散步	午餐后师幼在园内散步。
12:00—14:15	7. 午睡、起床和喝水	(1) 鼓励幼儿养成良好的午睡习惯。 (2) 幼儿收拾整理好自己的衣物。 (3) 幼儿根据需要及时喝水。
14:15—15:30	8. 户外活动和游戏中心活动	(1) 在户外开展探索和游戏活动。 (2) 幼儿根据时间安排表参与游戏中心的活动。 (3) 幼儿自主吃点心。
15:30—16:30	9. 整理和离园	(1) 幼儿离园前的清理和整理。 (2) 在离园前的谈话活动中进行回顾和讨论。 (3) 幼儿愉快离园。

注：各班级可根据场地和季节等因素适当调整。

第五章　幼儿园教师的保教计划和教学活动设计

优秀的保教计划和教育教学设计将有利于幼儿园一日活动的适宜得当，有助于儿童的健康和谐发展。

第一节　保教计划和教学活动设计的概念和价值

一、保教计划和教学活动设计的概念和内容

保教计划就是教师为了确保和提升幼儿园保育和教育质量而制定的教育计划，通常指的是幼儿园的一日保教计划。教育部颁布的《幼儿园教师专业标准（试行）》中明确指出，教育活动的计划与实施是教师的一项专业能力，教师应制定阶段性的教育活动计划和具体活动方案。在教育活动的设计和实施中体现趣味性、综合性和生活化，灵活运用各种组织形式和适宜的教育方式。教师要依据儿童发展的基本规律，根据相关的教育法规和要求，结合自身实际情况，制订出适宜合理的一日保教保教计划，并进行及时的反思和总结。在制订保教计划的过程中，教师要把正确的教育理念转化为实际的教育行为，应以游戏为基本活动，充分地尊重和理解幼儿，以多种方式支持幼儿成为积极的、有能力的和会创造的主动学习者。一日活动中的各项教育活动安排应有效地体现出教育的导向性、整体的规划性和活动的整合性。在一日活动中，教师应在有效观察和倾听的基础上，充分利用环境、氛围、资源和材料，为幼儿创造出多样化的学习和发展机会，通过和积极友好的师幼互动和交流回应来支持每一个幼儿的学习和成长。

教学活动设计就是教师日常所说的单个活动教案和系列活动方案，是教师组织集体教学活动的行动蓝图。单个的活动教案是针对某个预设目标而设计的独立的教学线路，通常包括活动背景、目标、准备、过程和延伸等部分。系列的活动方案是多个独立的教学线路的有效累加，它们之间有着基于严密逻辑的层层递进关系或相互补充关系。教学活动的设计能力是幼儿园教师的基本能力，也是教师课程执行力的一个重要内容。

幼儿园的学与教具有自身独特的特点，幼儿园的教学具有整体性、生活性、游

戏性、潜在性等基本特点。因此，教师在进行活动设计时要充分把握好幼儿园教学活动的特点。虞永平指出："教学有广义和狭义之分。广义的教学存在于幼儿园各类活动之中，只要有教师对幼儿产生影响的意味，只要幼儿有学习的事实，教学就存在。幼儿园中狭义的教学主要指教师专门组织的对幼儿直接影响的系统性活动。这种活动有明确的目的，以集体活动为主，一般采用全班集体、分组及个别操作相结合的方式。教学活动具有目的性、专门性，一般需要特定的准备。教学活动的空间有教室、户外场地和园外。教学活动是课程实施最重要的途径。"① 可以说，在集体教学活动中，幼儿可以获得特别的经验和发展。在幼儿园中，幼儿既需要有独处的机会，也需要有共同活动的机会。在集体教学活动中，幼儿和教师可以一起分享彼此的经验，共同获得发展。在本章中所叙述的教育教学活动设计更多的是指狭义的教学。

在实际教育教学中，教师既可以借助已有的经验，使用现成的活动设计来开展活动，也可以根据具体情况设计出新的教育教学活动方案来组织集体教学活动。但无论哪种情况，教师都需要对教学活动设计有充分的认识和理解。在使用已有的教学方案时，教师要结合本班的实际情况，对原有方案进行再思考，进行必要的调整。而在设计新教案时，教师更需要充分考虑幼儿的已有经验和学习规律而设计出有效的教学线路。教师在活动实施后，都应当反思活动的过程，并对原有方案进行必要的修改和补充。

二、保教计划和教学活动设计的价值

（一）有利于确保课程的方向性和科学性

在幼儿园课程的实施过程中，一日活动包括的课程、集体活动、小组活动和个别活动都具有自身的教育价值。在集体教育活动中，教师与幼儿就重要的话题展开讨论和交流，一起接触和学习新的文学作品和艺术作品，共同练习和掌握新的技能。

---

① 虞永平. 生活化的幼儿园课程 [M]. 北京：高等教育出版社. 2010：123.

这一类的集体教育活动往往是由教师预先设计和计划好的。在具体的实施过程中，教师会根据班级的具体情况作调整。因此，教学活动设计就如同一个蓝图和规划，能够使教师和幼儿沿着一个大致线路开展活动，确保课程的实施不偏离预设的方向。课程的目标、内容和方法可以通过一系列的教学活动设计来得以落实。此外，有了好的设计，课程的科学性也能得到保证。教师可以在活动的设计阶段认真考察教学内容的科学性和适宜性。在活动结束后，教师还可以再次对活动设计进行讨论和反思，对具体的文本内容进行必要的修改和调整。这样一来，经过多次的实践检验，教师就能日渐积累起大量的经验，形成一批更加优秀的教学活动，进一步完善丰富幼儿园的课程体系。

（二）有助于幼儿园一日活动的顺利开展

优秀的保教计划和教育教学设计将有利于幼儿园一日活动的适宜得当，有助于儿童的健康和谐发展。良好、恰当的规划和教学活动能够促进有效的教与学，提高教育的效益。那么什么是有效的教与学呢？《英国基础教育阶段（3—5岁）课程指南》中做了这样的分析。

有效的教包括：

（1）建立与家长的合作工作关系，因为家长是子女的基本教育者。

（2）通过预先计划好的，具有一定的挑战性的活动和经验，促进幼儿的学习。

（3）实践工作者示范各种正向的行为。

（4）使用丰富的语言和正确的语法。

（5）运用交谈和精心设计的问题。

（6）直接教幼儿某些技能和知识。

（7）幼儿互相教。

（8）以一种积极影响幼儿学习态度的方式与幼儿进行相互作用并支持幼儿。

（9）精心设计户内外环境，为学和教提供一个积极的情境。

（10）对幼儿进行巧妙的、精心设计的观察。

(11) 评估幼儿的发展进步。

(12) 与家长一起工作,家长是评估和计划过程中的重要合作者。

(13) 确认幼儿学习的下一步骤,计划如何帮助幼儿进步。

(14) 运用评估信息,评估活动的质量及实践工作者的培训需要。

有效的学包括:

(1) 幼儿发起能够促进学习和使他们能够相互学习的活动。

(2) 幼儿运用动作和所有的感官来学习。

(3) 幼儿有深入钻研自己想法和兴趣的时间。

(4) 幼儿具有安全感,这有助于他们成为有信心的学习者。

(5) 幼儿以不同的方式、不同的速度学习。

(6) 幼儿在学习中建立起事物之间的联系。

(7) 创造性和想象性游戏有助于幼儿语言的发展和运用。①

幼儿园的集体活动包括集体教学和其他谈论与集中活动,它们各有自身的价值。集体教学的范围是宽泛的,既包括集体教学活动,也包括小组教学和日常活动中的隐形渗透。在集体教学活动中,教师往往需要通过预先设计好的一系列有一定挑战性的活动来促进幼儿的学习,从而最大限度地发挥出良好的引导和沟通作用。因此,教师有必要精心设计教学活动的方案,以不断提高教与学的效益。

(三) 有利于进一步促进幼儿的发展

保教计划和教育教学活动设计能够折射出教育者的基本理念,反映出人们对幼儿发展的期待。透过设计,我们可以发现在教师心目中什么样的发展目标最为紧要,什么样的方法最适合幼儿。教师可以通过改进自己的活动设计,进一步完善自己的教育观念,从各个细微的小处做起,把尊重幼儿和促进幼儿发展的要求落到实处。一个好的活动设计往往能够最大限度地激发幼儿学习的兴趣,激发其内在的潜能,

---

① 转引自:虞永平. 生活化的幼儿园课程[M]. 北京:高等教育出版社,2010:124.

使幼儿在教师的支持下获得新的发展。因此，教师在活动设计时应考虑到，该如何为幼儿的进一步探究留有充足的空间。

第二节 如何写好保教计划和教学活动设计

一、把握确定目标

幼儿园的教育教学是教师以多种形式，有目的、有计划地激发幼儿主动活动的教育过程。教学目标是教学活动的出发点和归属。目标反映出教师对本次活动的根本认识。目标设计出了问题，那么整个活动就很难保证不出问题。在确定和表述教学目标时一定要以幼儿的年龄特点、当前的发展状况和本次活动的特点为依据，努力避免思路不清、针对性不强、活动效果无法评价等情况。对一节课的文字表述目标力求做到突出重点，准确，具体，具有可操作性。① 同时，教师要注意用统一口径来书写目标，即目标的主语应一致。当前，多数教师倾向于用发展目标来进行教学目标的表述。

（一）切实可行的发展目标应基于儿童的已有经验

教师要充分地把握好幼儿的已有经验，提供机会让他们进行展示、表达和交流，以多种形式帮助幼儿在活动中增添信心，获得成功的体验。那么该如何设计呢？黄琼老师认为，尊重幼儿的生活是活动设计的前提。一个理想的教育活动设计，在活

---

① 陈国强. 在幼儿园教育教学中享受与幼儿共同成长的愉悦［M］//虞永平. 著名特级教师教学思想录（幼特教卷）. 南京：江苏教育出版社，2012：20.

动主题、内容的产生上，在活动过程的方法运用中，都必须十分重视幼儿的经验，包括过去的经验、当前的经验和未来值得获得的经验。如果能充分尊重幼儿的经验，那么，活动的设计就有可能最大限度地接近幼儿的"最近发展区"，也就有可能获得最大的发展效应。① 因此，教师在教学中要关注幼儿已有的经验，并帮助他们通过交流和体验，在原有经验的基础上不断地形成新的经验。如果新的教学内容没有建立在幼儿已有经验的基础上，就会给幼儿的学习和理解造成困难和障碍，影响学习的效果。集体教学的时间是十分有限的，教师要十分珍视这一重要的课程平台，要努力设计好教学活动内容，教师要依据幼儿已有的经验，提出适宜的教学目标。因此，教师要针对幼儿不同的经验基础确定不同的目标，运用不同的方法，才能让幼儿获得应该获得的发展。②

（二）目标应关注领域特征，切忌求大求全

在设计活动目标时，教师要尽量使目标具体而明确，这样既有助于教学任务的完成，也有利于教师在活动中发挥好支持和引导作用。如果目标太多就会顾此失彼，降低幼儿参与的积极性，影响活动的效果。因此，目标要简明并具有鲜明的领域特征，确保幼儿在特定的一个或多个领域获得能力的发展。例如，音乐活动设计就应该凸显出明显的音乐特色。在活动的开始阶段，教师可以安排发声练习或复习曾经学习过的音乐作品。在活动的过程中，要注意培养幼儿对音乐的感受和理解力，体会音乐作品本身所具有的魅力。在语言活动的设计中，教师要做到心中有目标，注意在各个活动环节中提高幼儿的语言能力。在综合活动的设计中，教师要明确活动中有哪些领域的内容被有机地融合了，要考虑到如何根据幼儿的具体行为随时进行调整。

---

① 黄琼. 学前教育：我的梦想与追求 [M]. 上海：上海教育出版社，2011：183.
② 陈国强. 在幼儿园教育教学中享受与幼儿共同成长的愉悦 [M]//虞永平. 著名特级教师教学思想录（幼特教卷）. 南京：江苏教育出版社，2012：22.

（三）目标应关注幼儿多方面的整体发展

在活动中，幼儿不仅会学习到新的知识和技能，而且也会形成自身独特的学习方法，并在社会性和情绪情感等方面获得发展。在设计目标时，教师不仅要关注幼儿学习策略和学习能力的培养，同时也应关注幼儿合作精神、任务意识和学习态度的发展。因此，教师在设计活动的目标时，要充分地考虑到幼儿发展的整体性特点，切忌为了强调幼儿某一方面的发展，而忽视对幼儿其他方面发展的关注。尤其需要指出的是，在低龄阶段，幼儿情绪情感发展正处于关键阶段，因此，要充分关注幼儿情绪情感方面的具体状态和发展。

二、选择适宜的内容

选定合适的、有吸引力的教育活动内容十分重要。如果选择的内容不恰当，教师的执教水平再高，儿童原有的基础再好，都不能让活动达到预期的目的。一个好的作品中会蕴含丰富的文化理念，有生命力的作品具有天然的吸引力和感染力。有时候，我们会看到，由于活动的内容选择得比较合适，例如选择了一首非常优美的歌曲或一个非常好听的故事就会十分自然地把幼儿吸引到活动中来，教师在设计活动和执教时也会感到十分顺手。

在选择内容时，教师需要考虑到以下几点：一是内容本身要具有科学性和严谨性。二是活动内容要有趣味性和变化性。大自然和社会中许多丰富有趣的事件都会吸引幼儿，都会引起他们探究的兴趣。因此，教师在选择内容时一定要考虑到本活动对于幼儿来说，其兴趣点可能会是什么。三是活动的要求和难度要适宜，应符合幼儿的年龄特点和发展水平。如果活动过于简单，缺乏挑战性，幼儿就会感到索然无味。而如果活动内容过于复杂，就会挫伤幼儿参与活动的积极性。四是活动内容要贴近幼儿的生活，要易于理解和接受。如果教学活动的内容与幼儿的生活密切关联，幼儿就会产生浓厚的兴趣，便更加乐于参与活动。

三、设计好具体实施过程

(一) 活动过程应符合幼儿的心理特征和学习规律

根据幼儿的心理特征和学习规律，集体教学活动一般可分为三个基本环节，即导入环节、任务完成环节和结束环节。在导入环节，教师要用有效的手段激发幼儿参与活动的兴趣。这一环节可以唤醒幼儿，帮助他们进入学习的状态，萌发出对活动探究的意愿。在任务完成环节，教师要把活动目标分解为若干个小目标，以层层递进的方式帮助幼儿完成任务和解决问题，并获得成功的体验。这一环节可以让幼儿思维高度活跃，让他们充分发挥想象，使他们能够在教师的支持下，以自己的独特方法来完成任务。在结束环节，教师可组织一些游戏活动，让幼儿调节身心，在放松活动中获得愉快的情绪体验。这样的三个环节被教师普遍地运用于幼儿园集体教学活动之中。相对来讲，对于年龄小的幼儿来说，教师精心设计和组织好第一个和第三个环节不仅有助于教学任务的完成，而且有利于进一步激发幼儿参与学习活动的兴趣和意愿。

(二) 活动过程要具有逻辑性和层次性

在过程部分应当充分考虑到活动自身的科学性和逻辑性，要求层次清晰、环环相扣。活动的逻辑性有助于提高幼儿思维的严密性，帮助幼儿获得新的发展。教师可以用多次通读的方法，来反复地琢磨自己活动设计中的语言，努力把握好语句的前后逻辑联系。在设计时，教师要充分考虑到不同层次幼儿有不同的需要，不同幼儿的经验和能力会有很大的差异，因此，要在活动的难度上体现出不同的水平。当一部分幼儿解决了难度较低的问题时，教师要能预设出更高难度的任务来让幼儿进行新的挑战。而当一部分幼儿感到任务难度过大时，教师也要设法提供必要的帮助，以降低任务的难度，让这些幼儿同样可以解决问题并获得成功的体验。

(三)教师要做好活动的准备工作

教师要踏实认真地做好物质准备和经验准备。物质准备包括教学活动所需要的教具、学具、操作材料和活动场地。这些材料应安全有效,并尽可能可以反复使用。在活动前,教师自身也要有充分的经验准备,这可以帮助幼儿为新的活动积累一定的经验。教师有了充分的经验准备,就可以在活动中灵活自如地应对可能出现的新情况和新变化。儿童通过多种途径,如完成调查表、在区域中进行操作和收集相关材料等形式可以在活动前有一定的经验准备,这样一来,幼儿不仅对新的学习活动的任务和要求有了心理准备,而且也贮备了一定的具体经验。如果教师和幼儿有了一定的经验准备,那么教育教学的效果自然会有明显的提高。

(四)活动的过程应体现出多方位的有效互动

一个好的教学活动能够为师幼、幼幼之间提供大量的交流机会,教师与幼儿在共同分享经验和交流情感的过程中相互影响。在有经验的教师这个高级榜样的帮助下,幼儿能激发出自身内在的潜力,成为一个对世界充满渴望的主动学习者。因此,在活动设计中教师的指导语要简洁明了,要有效地应对幼儿的行为,从而让活动中的交往互动更为积极和有效。在教案设计时,教师可以在教案中把教师的提问等指导语写出来。教师在备课时要反复斟酌自己的提问。教师的提问不仅要具有针对性,而且要易于幼儿理解和接受。在这方面,一个比较有效的方式是观察和记录优秀教师在提问方面的有效做法。在幼儿园中,那些素质优良、经验丰富和对幼儿有深刻了解的资深教师拥有大量的实践智慧。一个很复杂的提问,通过他们的演绎,往往会成为一个简洁清晰的提问。针对不同年龄段的幼儿,教师的提问也应有所变化。对年龄小的幼儿,教师的提问会有更多的重复和强调。对于年龄稍大的幼儿,教师会更多地启发幼儿来提问和解答。在活动设计时,教师如果没有考虑好如何把握引导语,没有想清楚要提哪些问题和做哪些总结,就很可能会导致课堂上琐碎式的唠叨和连珠炮似的发问,或是会随意打断幼儿的发言。同时,教师也要对教学中可能会发生的情况作出预先的估判,并设计出合适的对策。教师可以多动脑筋,通过简单的提示性语言来对活动进行调控。如在一次音乐游戏活动中，孩子们纷纷凑近幕布去看教师播放的幻灯片，场面一片混乱。这时，老师会微笑着退后一步说："孩子们，有时候，退一步，可以看得更清楚哦。"

（五）活动过程的设计要具有开放性和弹性

预设并不等于封闭。在瑞吉欧教育方案中，活动计划是"外出旅行时的指南针，而不是有固定线路和时刻表的火车"。这样的计划，既为教师引导、支持幼儿的学习提供了充分的基础，更为幼儿主动地参与活动、在活动中生成课程、生成发展的契机留下了足够的空间。要变"刚性设计"为"弹性设计"，变单向的"教师预设"为双向的"师生共生"，使教育活动真正为儿童发展服务。[①]

一份优秀的教学活动设计也会体现出一定的新颖性和创新性，能体现出教师的教学风格。教师可以针对幼儿的不同特点，让自己的活动富有吸引力，让活动更能满足幼儿的需要。充满智慧的教师能够通过活动设计中那些富有创意的新点子让自己的教学活动更具吸引力。例如，有的教师会在《我班有个小问号》的活动中，用图标的方式来帮助幼儿记忆并创编诗歌。有的教师会在《享受一"夏"》的活动中启发幼儿"用一种颜色来比喻夏天""用一个好办法来享受夏天"。有的教师会在《小鸟，你好！》这个活动中让幼儿充分发挥想象，"说一说，如果可以变成一只鸟，你想变成什么鸟？"此外，教师的教学活动设计也可以充分发挥自身的优势，让活动体现出自己的教学风格。如果教师属于内敛智慧型，那么就可以通过一系列的问题来引导幼儿进行思考和探索。如果教师属于参与行动型，那么可以通过自身的示范作用来激发幼儿参与的热情。

（六）活动设计要体现出真实性和可操作性

活动设计的真实性就意味着这一活动与幼儿的现实生活有着密切的联系，活动

---

① 黄琼.学前教育：我的梦想与追求[M].上海：上海教育出版社，2011：185.

的开展将有利于萌发幼儿良好的情感，有利于发展幼儿的社会性。活动内容要有一定的操作性，因为幼儿天性好动、好操作。如果仅让他们用耳朵去听，而不能用手去操作和感受，那么他们的学习效果将受到影响。因此，教师要提供机会让幼儿在操作中习得经验和提高各方面的能力。

下面是两个关于幼儿园教学活动的评价量表（见表5.1和表5.2）。认真分析思考这些评价表，将有助于教师进一步加深对教学活动的认识。

表5.1 幼儿园教育教学活动评价表

评价内容	评价要求	分		值	
教学设计思路	活动设计思路清晰，符合现代教育理念				
	活动设计符合本年龄段幼儿的发展水平				
教学目标内容	注重幼儿的发展、能力的提高和良好行为习惯的培养				
	目标明确、具体、有层次，符合幼儿实际				
	内容正确，具有科学性、时代性，能合理运用本地区和本园的教育资源				
	内容具有针对性，难度和量适中				
教学过程方法	活动组织有序，层次清晰，重点突出，有节奏，时间安排合理				
	利于调动幼儿的主动性、参与性、创造性，提供让幼儿自主操作的机会，有较好的活动常规				
	方法手段合理，有较高的效益				
教师基本素养	教态亲切、自然，既尊重幼儿，又严格要求				
	语言简单规范、生动，富有感染力，易于幼儿理解				
教学效果	能有效把握重难点，按时完成教学任务，目标达成度高				
总分					

评价者_____   日期_____

表 5.2　幼儿园教学活动评价表①

	评价要点	评价等级		
		A	B	C
目标	目标的年龄适宜性			
	目标的可落实性			
	目标的和谐性			
	目标实际达成度			
内容	内容与目标的一致性			
	内容的科学性			
	内容的生活性			
	相关环境材料的适宜性			
	内容实际的完成情况			
教师	教师讲解的适宜性			
	教师教学策略的适宜性			
	教师对幼儿的关注			
	教师评价的适宜性			
幼儿	幼儿的投入程度			
	幼儿的互动机会			
	幼儿面临的挑战			
	幼儿的学习习惯			

四、规范地写好保教计划和活动设计

教师要根据要求规范地写好各类与教育教学相关的保教计划和教学活动设计，制定相关的计划表格。这里我们重点关注月度班级保教活动计划表、班级一日保教活动计划表和班级教学活动计划与设计表（见表 5.3、表 5.4 和表 5.5）。月度班级

---

① 虞永平. 学前课程与幸福童年 [M]. 北京：教育科学出版社，2012：274—275.

保教活动计划可帮助教师设计、安排和计划以月为时间单位的各类保教活动，主要包括情况分析、主要目标、实施途径和调整反思等内容（参见表5.3）。班级一日保教活动计划表中包括：活动时间、活动内容、保教要点、观察要点、支持策略和调整反思等内容（参见表5.4）。教学活动计划与设计表中包括活动名称、教学领域、活动来源、活动时间、活动形式、适用年龄、活动目标、活动准备、活动过程、活动评价、注意事项和延伸拓展等内容（参见表5.5）。

表5.3 班级月度保教活动计划

班级：_____班　　教师：_____　　时间：_____

情况分析		
主要目标		
工作思路		
实施途径	日常活动	
	游戏活动	
	集体活动	
	环境资源	
	家园合作	
	个别教育	
调整反思		

表 5.4　班级一日保教活动计划

班级：_____班　　教师：_____

时间	活动内容	保教工作要点	观察要点	支持策略	调整反思
……					
备注					

规范地写好各类活动计划和设计有利于教师理清思路，进一步总结经验，从而不断提高保教质量。例如，通过完成幼儿园教学活动设计表，教师可以较全面地展示出自身对教学活动的理解，增强活动设计的科学性和严谨性。在表格中，执教者指的是实际上课老师的信息。活动名称指的是本次教学活动的具体名称，这一名称往往凸显了本次教学需要完成的主要任务或教学活动的亮点。教学领域一般分为语言、数学、科学、健康、社会、艺术和综合。活动来源指的是本次活动是如何产生的。活动时间指的是本次活动预计需要多长时间。活动形式指的是活动开展的具体形式，如大组活动或小组活动。适用年龄指的是本次活动将在哪一个年龄段中开展。活动目标指的是本次教学活动意图达到的目的。一般人们会以幼儿为主语，从幼儿发展的角度来表述具体的目标。活动准备包括经验准备和物质准备。活动过程是指教学时的具体步骤和环节。教师在书写时可以根据自己的需要进行或详或略地阐述，可以在这一栏中标明自己在实际教学时所进行的调整和产生的新思考。活动评价是指教师在开展完教学活动后所进行的自我反思，也可以是他人对本次活动的评价和

观点。注意事项指的是在活动进行时需要特别强调的地方，如在体育活动中要格外强调安全问题。延伸拓展指的是在活动开展后，教师可以组织进行的其他与之相关的活动，这些活动将进一步促进幼儿的学习和发展。

教师在平时要不断积累和总结经验，不断提高各类计划和设计的规范性，提高自己在这方面的写作能力。教师也可以借助电脑和网络等新设备、新工具，加强反思，不断提高计划和设计的有效性。

表 5.5　班级教学活动计划与设计表

执教者：

活动名称		教学领域	
活动来源		活动时间	
活动形式		适用年龄	
活动目标			
活动准备			
活动过程			
活动评价			
注意事项			
延伸拓展			

案例 5.1：我是快乐的跳跳糖

执教者：南京市实验幼儿园 章 丽

活动名称	我是快乐的跳跳糖	教学领域	综合
活动来源	主题：我喜欢	活动时间	20 分钟
活动形式	大组教学	适用年龄	小班
活动目标	1. 初步学习用简单的语言和动作表现吃跳跳糖的感受，体验游戏带来的乐趣。 2. 能根据老师的简单指令进行颜色分类，尝试不同跳法。		
活动准备	1. 跳跳糖、一次性小勺子。 2. 红、黄、绿圆点标志、"糖妈妈"的围裙。 3. 轻柔、舒缓的音乐片段。		
活动过程	一、引发品尝跳跳糖的兴趣。 1. 教师扮演"糖妈妈"。教师提问：你喜欢吃糖吗？你吃过什么糖？ 2. 介绍跳跳糖：今天，班上多了一种奇怪的糖，你们尝尝看，它奇怪在什么地方？（交待吃法。） 二、交流和表现品尝跳跳糖的感受。 1. 品尝跳跳糖，幼儿自选跳跳糖品尝。 2. 交流：这种糖吃到嘴里有什么感觉？ 3. 鼓励幼儿用动作表现自己的感受，并引导同伴相互模仿。 "谁来做做看，跳跳糖是怎样跳的？"（引导幼儿自由跳。） 三、游戏：我是快乐的跳跳糖。 1. 扮演跳跳糖：我们都来当快乐的跳跳糖吧！ 引导幼儿根据自己的喜爱选择不同颜色的标志来扮演。 2. "跳跳糖"跳跳跳。 "糖妈妈"和孩子一起跳，并适当控制活动量。 3. 跳跳糖化了。（放松运动）		

续表

| 活动评价 | 自我评析：
《幼儿园教育指导纲要》（以下简称《纲要》）提出：尊重幼儿身心发展的规律和学习特点，以游戏为基本活动，让幼儿在快乐的童年生活中获得有益于身心发展的经验。同时，《纲要》又提出，幼儿园的教育内容是全面的，各领域内容应相互渗透，从不同的角度促进幼儿情感、态度、能力等方面的发展。因此，我们根据小班幼儿的特点，注重活动的经验化、情景化、游戏化、综合化，让幼儿在有趣、快乐的活动中主动建构、主动发展。
一、选材特点
小班初期的幼儿，跳的动作不协调，需要在多次、有趣的活动过程中不断地增强动作的协调性，促进大肌肉动作的发展。另外，作为刚入园的孩子，在情绪初步稳定的情况下，需要教师组织有趣的活动让他们体验集体生活的快乐，促进师生、同伴间的交往。
跳跳糖是一种既有特点、又深受幼儿喜爱的食品，当糖在嘴里跳跃的时候，不仅可以给孩子带来新奇的感受，还可以直接体验和模仿。因此，选择跳跳糖作为媒介来组织小班幼儿的活动，可以使活动充满了趣味和快乐，可以充分调动孩子参与活动的积极性，从而帮助幼儿在活动中获得主动、整体、和谐的发展。
二、目标分析
目标一：初步学习用简单的语言和动作表现吃跳跳糖的感受，体验游戏带来的乐趣。作为一节偏重动作发展的综合活动，目标突出了幼儿在活动中的感受及表现，而不是单纯的动作练习，其目的在于帮助幼儿体验活动带来的快乐。
目标二：能根据老师的简单指令进行颜色分类，尝试不同跳法。目的在于让幼儿感受和在原有经验的基础上尝试不同的跳法，而不是统一要求，这样可以适应幼儿本身就存在的个别差异。
三、过程分析
第一个环节：教师扮演"糖妈妈"一方面可以赢得孩子的喜爱，产生亲切感，同时可以调动幼儿已有的经验，让幼儿谈谈自己吃过了哪些糖。然后教师再出示一种新奇的糖，突出强调它的与众不同，激发幼儿的好奇心和探索欲望，激发幼儿品尝跳跳糖的兴趣。在品尝之前，教师要重点介绍品尝跳跳糖的方法，并引导幼儿进行练习。这是因为，品尝方法的正确与否直接影响着幼儿的体验效果。只有当糖含在嘴里时，糖才会跳跃起来。
第二个环节：交流和表现品尝跳跳糖的感受。在品尝时，强调了孩子的自选，因为孩子是一个能动的学习建构者，应从小班开始，就注重孩子独立能力的 |

续表

活动评价	培养，将自主选择的权力交给孩子。在交流品尝跳跳糖的感受时，给予幼儿说与做的空间，幼儿可以自由地用语言、动作或边说边动来表达。 第三个环节：通过游戏活动练习多种跳法。在这里，提供红、黄、绿三色圆点做标记是为了引导幼儿扮演跳跳糖，因为，红、黄、绿三色是幼儿熟悉并能接受的经验，一方面可以将幼儿自然分组，起到调控活动量的作用，另一方面增加多种玩法和组合游戏，维持幼儿多次练习跳的积极性。 **四、效果分析** 1. 本活动巧妙地运用跳跳糖所具有独特的、跳跃感的特点，促进了幼儿的动作发展、语言发展和数学能力的发展。 2. 在活动过程中，注重幼儿的直接探索和亲身体验，充分发挥幼儿的主体性，让幼儿在自主选择、自由表现的过程中体验活动带来的乐趣，获得对自身能力的肯定。因此，活动中的幼儿是快乐的，并获得了主动的和富有个性的发展。 3. 在情境的设置上，可以再温馨一点，如，可为红、黄、绿跳跳糖们布置不同的家，一方面可为调控幼儿的活动量提供休息的场所，同时，还可以强化幼儿的"角色"意识。
注意事项	在幼儿品尝跳跳糖时，提醒他们注意卫生，不要直接用手去拿。
延伸拓展	可以在区域活动和角色游戏中，开展相关的活动。

案例 5.2：有趣的冰块

执教者：南京市实验幼儿园　徐　毅

活动名称	有趣的冰块	教学领域	科学活动
活动来源	主题：六个好宝贝	活动时间	20 分钟
活动形式	大组教学	适用年龄	小班
活动目标	1. 初步感知冰的特点，并会用恰当的词汇进行描述，如：滑滑的、冷冷的、透明的、会融化等。 2. 能想办法救出冰块中的小动物，愿意动手探索。		
活动准备	1. 大冰块；透明容器一个；图标。 2. 小冰块、果汁冰块、里面藏有小动物的冰块（数量与幼儿人数相等，碗、勺各 2）；热水袋、热水、小木槌、小盘子 15 个，垫有毛巾的盘子 6 个；干毛巾 6 块。桶、拖把等。		
活动过程	1. 认识冰，激发幼儿的兴趣。 　（1）将冰块藏在袋子里，请幼儿伸手摸一摸，猜猜袋子里是什么？ 　（2）师：为什么你觉得是冰呢？说说自己的感觉。 　（3）出示冰块。师：这块冰是什么样子的？什么颜色？ 2. 人手一块冰，引导幼儿运用多种感官感知冰的特点。 　（1）幼儿玩冰，看看、摸摸、玩玩，说一说感受。 　　师：用手摸摸冰，感觉怎样？（滑滑的、很冷的、硬硬的）用鼻子闻一闻，有什么气味？ 　　小冰块的特点：透明的、滑滑的、冷冷的、硬硬的，没有气味。 　（2）手上的水是哪里来的？ 　　请幼儿将冰块使劲握住，观察有什么变化？ 　　小结：冰遇热会融化。		

续 表

活动过程	3. 探索游戏：救救小动物。 （1）故事导入，鼓励幼儿想办法将小动物从冰块中救出来。（有一天，一群小动物一起出去玩，它们在一起唱歌、跳舞、做游戏，玩得真开心啊。小动物玩累了，觉得身上好脏啊，就想洗个澡，它们来到池塘边，一个一个跳进了水里。哎呀，水怎么这么冷啊？不好，结冰啦！小动物们都被冻在冰块里啦！怎么办呢？） （2）介绍材料，与幼儿讨论一些材料的使用方法。 小槌子、热水袋、热水（水温50度左右） （3）幼儿自由选择材料，进行探究，进一步感受冰的特性。 教师鼓励幼儿尝试用各种方法将冰融化或敲碎，救出小动物。 教师观察幼儿不同的冰中取物的方法，并给予适时的指导。 （4）经验交流，请幼儿说一说是怎样取出小动物的。老师可出示图标，引导幼儿进行经验分享。 4. 品尝果汁冰块。 师：小动物们太感谢你们了，他们准备了一份礼物送给你们。 分享果汁冰块，进一步了解冰块冰冰的、冷冷的和遇热会融化的特点。
活动评价	
注意事项	注意不让小朋友长时间握住冰块。
延伸拓展	可以在班级科学区中继续开展此类活动。

案例 5.3：认识你呀真高兴[①]

执教者：苏州新区实验幼儿园　张　静

活动名称	认识你呀真高兴	教学领域	音乐活动
活动来源	主题：我们都是好朋友	活动时间	25 分钟
活动形式	大组教学	适用年龄	中班
活动目标	1. 尝试用说唱的方式表演歌曲，创编部分歌词与动作。 2. 在学习结伴舞蹈的过程中，增进朋友间的友爱与亲密，体验共同表演的快乐。		
活动准备	1. 幼儿会唱歌曲，会跳单圈邀请舞。 2. 钢琴伴奏、活动场地（椅子两两摆放成半圆形）。		
活动过程	一、围绕活动主题"认识你呀真高兴"进行师幼间的互动与问候。 1. 用语言交流的方式彼此问候。 　师：孩子们，来到无锡认识了你们那么多的新朋友，我想大声地对你们说："认识你呀真高兴！"如果你们愿意和我做朋友，一定也会大声地对我说这句话。（启发幼儿用同样的话语回应执教老师）瞧！今天还来了很多客人老师，也用这句话向大家问个好吧！ 2. 在歌曲表演中传递快乐情绪。 　师：我知道你们学过一首歌就叫《认识你呀真高兴》，咱们一起表演给新朋友们（指现场观摩教学的客人老师）看看吧。（完整歌表演一次） 二、用"说唱结合"的方式表现歌曲，感受唱唱、说说的变化与乐趣。 1. 看老师怎样又说又唱。师：刚才你们为大家表演，现在我也想为你们表演。仔细听，我和你们唱的有什么不一样？ 2. 集体练习。（按前面一半唱，后面一半说的方式完整进行）		

[①] 张静. 中班音乐活动：认识你呀真高兴 [J]. 早期教育（教师版），2009（12）：33.

续 表

活动过程	师：原来，一首歌可以从头唱到尾，还可以像我这样前面一半唱，后面一半说，唱唱、说说真有趣！你们也来试试吧！ 3. 以师生轮流"说"的方式再次练习。师：这一次又有新变化：最后两句说的地方我和你们一人一句，你们愿意先说还是后说？ 三、学习两人、三人结伴舞蹈，乐意与更多朋友进行表演。 1. 尝试按男孩、女孩结伴舞蹈的要求完成表演。师：和你旁边的朋友合作一次吧，你们先商量商量，男孩先说还是女孩先说？（提醒幼儿：说的时候要用好听的声音，听的时候要安静、有礼貌。） 2. 交换朋友，继续以两人结伴的方式合作表演。师：我们要换个朋友再来一次，注意了：前奏的时候你要找到一个朋友和他（她）面对面站好，还要商量好谁先说、谁后说，前奏结束时你们就要开始唱歌跳舞了。 3. 针对幼儿的表现进行小结并增加一次练习。师：小朋友们真了不起，能很快找到朋友并且商量好谁先说、谁后说，但是商量的声音太大，这样合适吗？为什么？启发孩子看看彼此间的距离（很近），提醒大家用悄悄话商量。 4. 增加朋友（提升难度），尝试以三人结伴的方式合作表演。师：刚才是几个人做朋友？（两个）如果请你们三个人一起跳舞行不行？记住哦！前奏的时候要三个朋友在一起，还要商量好谁先说、谁接着说、谁最后说。有点难，让我们来试试！ 四、创编部分歌词与动作，增进朋友间的友爱与亲密。 1. 和朋友商量着改编歌词及动作。师：歌曲里唱到和朋友"拉拉手、亲一亲"很开心，你还愿意怎样和朋友亲热亲热呢？和你的朋友商量商量。（教师巡视并了解孩子们的想法）谁来介绍自己的好办法？ 2. 选取个别动作替换到原有的歌词中，并完整表演。 五、拓展活动思路，尝试在师生互动的过程中用方言表现歌曲的说唱部分，享受方言带来的快乐。 师：还记得我从哪里来吗？（苏州）我会用苏州话介绍自己，一起听听？（教师用苏州方言说：我是苏州人，认识你呀真高兴！）你们可以用无锡话说说吗？幼儿说方言；师生轮流说（幼儿先老师后） 师：我有很多朋友，有四川的、上海的……我跟他们学过四川话、上海话，再用不同的语言来试试。师生轮流说。
活动评价	自我评析： 这一个活动案例是我们为参加江苏省第四届幼儿园优秀教育活动展评而设

续表

| 活动评价 | 计的，可是当我们来到展评现场无锡实验幼儿园时，发现参赛的教学内容在该幼儿园分两教时已实施过（第一教时：学唱歌曲；第二教时：学跳邀请舞），这就意味着准备好的教学方案无法再用！意外、紧张之余，立即思考对策。在与幼儿接触的半个小时中，我们了解了孩子的学习状况，并根据幼儿的表现灵活调整了教学方案。首先，把幼儿完整演唱的形式改为说唱（前半部分唱，后半部分说）；其次，在邀请舞的基础上，调整为学习两人、三人结伴舞蹈；第三，创编部分歌词与动作；最后，充分借助异地上课的机会，利用师生各自优势（会多种方言），拓展教学思路。

活动在幼儿园团队的帮助下顺利完成，从"痛并快乐"的过程中，我深深地感受到集体的智慧与力量，也真切地体会到"教育无痕"背后的努力与付出。借此机会，我想与大家分享一点点并不成熟的经验：只要把孩子放在心里，在简单、真实、自然的状态下多用我们的眼睛发现孩子的需要、多用我们的耳朵倾听孩子的需要，我们的教学就会有效。

点评1：肯定与指引——激发幼儿自我完善的两种常用策略①
点评人：南京师范大学教育科学学院　许卓娅

自从"赏识教育"以"矫枉过正"的强硬姿态在中国教育界掀起一场检视教育评价习惯适切性的运动以来，在幼儿园集体教学观摩活动过程中，我们经常可以看到听到这样的重复性的激励模式：嘿！嘿！（同时拍手两下）你真棒！（将双手大拇指指向被指定的人）或者是：嘿！嘿！我真棒！（将双手大拇指指向自己）

在我们每个人的成长过程中，都有过期望甚至渴望获得他人认可或赞扬的经历。但随着心理的日益成熟，我们常常也逐步发展出另外一种能力：能够将自己对自己的评价与别人对自己的评价进行相互比较，如果发现别人对自己的评价比自己对自己的评价高得过多，或过于模糊，或态度上明显不诚恳，我们内心也时常会感受到：这些赞扬或认可表达背后的怜爱、怜悯、敷衍，甚至是轻视。因此，我们需要认真地检视我们向幼儿提供的赞扬或认可，以便能够使得这些赞扬或认可真正成为激励幼儿不断自我完善的一种力量。

其实，除了提供赞扬或认可以外，提供不满或建议也是一种重要的，激励幼儿不断自我完善的力量。没有不满意的认识和体验，哪里会有追求更满意的愿 |

---

① 许卓娅.肯定与指引——激发幼儿自我完善的两种常用策略［J］.早期教育：教师版.2009（11）：34—35.

续表

活动评价	望和行动呢？但最近这些年来，一种相当普遍的现象是：越来越多的教师在公开教育活动中，既不向幼儿提供不满和建议，也不引导幼儿向自己提供不满或建议。这种情况的出现，需要我们认真检点和正视。 　　在获奖教育活动"认识你呀真高兴"中，面对刚刚升入中班的陌生幼儿，来自苏州的张静老师很好地捏拿住了这两种评价的"引领和激励"分寸。作为一个旁观她和幼儿互动的成年人，我的感觉是：如果我是那个班级里的孩子，也一定会感觉到和她在一起很舒适、很安全，同时也很容易受到鼓励；当她说我棒的时候，我能够真的和她共鸣——我的确是很棒！当她说我需要再努力完善自己时，我能够真的体验到——那个目标的确是值得我付出努力去达成的！ 　　下面我们来看一看课堂实录： 　　刚刚升入中班的孩子一出来，面对着舞台下面盯着他们看的那么多双陌生的眼睛，显得有些怯生生的，张老师鼓励他们说：不用紧张，因为你们是小主人呀！还说：我知道你们会唱一首《认识你呀真高兴》的歌……我会和你们打招呼：认识你呀真高兴！你们也可以这样对我说！来……（幼儿一起对她说：认识你呀真高兴！）在孩子们第一次演唱之后。她热情地说：太棒啦！给自己掌声！ 　　其实，认可的方式是多种多样的！如果我们自己就是这个班的孩子，我们是否也能够体会到张老师对我们的这种温馨的认可呢？ 　　紧接着，在要求幼儿听辨老师范唱和幼儿原先熟悉的歌曲有什么不同时，一位幼儿听出"我是"和"我叫"有一字之差，她立刻反馈说：你听得真仔细，那么一点点不同你都能够听出来！而当另一位幼儿听出（歌曲中有一部分）"我们是唱的你是说的"，她也立刻反馈说：是呀，你们是唱的，我是说的，没错！真棒！ 　　这样的赞扬是不是很具体而中肯呢？如果我们是那两位幼儿，我们是不是容易认同：我们的确是很仔细呢！一点点不同是不容易听出来的！因为我们很仔细，我们才听出来了！ 　　在幼儿使用新的"说唱"方法自己演唱一次、和老师对唱一次、又和同伴对唱一次后，教师依次反馈说：（1）那么快就学会了，小朋友们真是了不起！（2）太棒了！给自己掌声！（3）很棒！ 　　下面的一个环节是：在前奏音乐中先两人结伴，再协商对唱的先后顺序，然后再开始演唱。在演唱完毕后张老师说：很好，你们找朋友很快！但是，张老师刚刚发现，你们商量的声音太响了一点！我们是要一边听音乐一边找朋友

	续 表
活动评价	的。一边说话一边找朋友，还能听到音乐呀？（幼儿：不能！）你们大声说话，还能听到音乐呀？（幼儿：不能！）我们和朋友站得很近的，我们可以悄悄地商量！（老师自己轻轻地、温和地表达这些意思！）音乐重新开始后，孩子们几乎全都非常注意克制自己讲话的声音和表达的体态，任务完成得很从容。 演唱结束后，张老师热情地反馈说：太棒啦！给自己掌声！（幼儿们表现出非常赏识自己的高兴的样子）这一次好多啦！我发现，有的小朋友还会看着别人的眼睛微笑，这样的朋友大家都喜欢！现在我们要增加一个人啦！是几个人？（幼儿：三个！）三个人，又要快点找到朋友，又要商量，有点难哟！你们行不行？（幼儿：行！） 结果，幼儿又开始大声相约和协商。前奏结束时张老师说：现在停下来！你们找到朋友了吗？（幼儿：找到啦！）商量好了吗？（幼儿：商量好了！）可是呀，还是刚刚那个问题哟！你们商量的声音似乎还是稍微有那么一点点响。这回我们轻轻地商量，轻轻地去听音乐找朋友！ 前奏开始，老师轻轻地和着节奏说：听音乐，找朋友，三人站好再商量。（幼儿在活动中表现得非常克制，但那仍旧是一种从容的克制，而不是紧张）演唱一结束，张老师立刻反馈说：太好啦！我们挑战成功！（幼儿还没有反应过来）我们……（教师做出明确的准备振臂欢呼的姿态，幼儿意识到了老师准备邀请他们做的动作）师生一起用手指做出"V"字形，并同时整齐热情地振臂欢呼："耶——！" "挑战"这个词用得非常好！正如前面分析的一样，孩子们体验到了"不满—努力—成功"的自我完善道路是这样一步步走过来的！ 下面的环节是请幼儿选择自己喜欢的其他动作来替换原歌词中的"拉拉手呀，亲一亲呀"，老师先给了孩子们一些自由协商的时间，并在孩子们的座位中间走来走去，弯下腰或蹲下身体去倾听各组幼儿的讨论，有时，参与一点意见或做一点反馈。然后，在大组交流各自的"新选择"之前张老师是这样说的：我已经听到了很多的好方法！谁愿意来说给大家听听？在分享的过程中，老师分别使用了：（1）不错，掌声！（2）也很好！（3）不错！（4）办法很多呀！在使用部分幼儿建议完整演唱后，老师说：太好啦！给自己掌声！ （使用"新选择"而没有使用"创意"这样的词，是为了突出孩子们在这里更多体验到是我的选择、我有权力选择和我有能力选择。更重要的是：老师在这里想让幼儿感到他们可以发表自己的意见，他们的意见老师是愿意倾听的，他们的意见是能够得到尊重和分享的！）

续 表

| 活动评价 | 在活动的最后一个环节中，张老师和孩子们用各地方言来相互说：我是×××，认识你呀真高兴！但是，我感觉到这些无锡孩子在使用无锡话的语音语调来与苏州老师对话的时候，隐约有一种"会讲无锡话也是很值得自豪"的情感在里面。
"分享"其实也是一种认可，至少是我拥有我们共同认可的有价值的东西，我才能够和你分享！而且，分享的立场和态度应该是教育者更应该坚持的立场和态度！只有在相互赏识相互激励的平等的人际关系中，"赏识"才可能是让人真正感到被尊重的！

点评2：良好的教育机智——观摩中班音乐活动"认识你呀真高兴"有感①
点评人：南京市实验幼儿园　陈国强
　　幼儿园教学活动的组织与实施过程是教师创造性工作的过程，每一次教学、每一个活动过程是否更有效，关键在于教师的专业素养和教育机智。张静老师在施教"认识你呀真高兴"的过程中，就表现出了良好的教育机智。
　　1. 应对新情况，迅速调整活动方案。当张老师带着已有的文本教案"认识你呀真高兴"提前一天到承担上课任务的班级熟悉幼儿时，才得知这首歌幼儿已经学过了，这突发的情况没有让张老师惊慌、抱怨，而是根据新情况，及时调动自己对音乐教学规律的相关经验以及对中班幼儿学习特点、发展进程的把握，适时适当地提出了新的目标，既按照展评活动规定的课题进行，又使幼儿在本次活动中有所提高、获得发展。
　　2. 理解作品内涵，自然渗透社会性目标。《认识你呀真高兴》是表达朋友间友好关系的一首歌，在唱、跳的过程中，中班幼儿更多体验的是与朋友交往、共同活动的愉快情绪。张静老师的教育机智首先表现在精彩的开场，先巧妙运用歌词内容作自我介绍，一下子就拉近了幼儿与陌生老师之间的距离。其次，在舞蹈过程中让幼儿自由从二人组合到二人组合，自主协商谁先谁后，学习与同伴友好交往的技能。再次，在练习的过程中注意提示幼儿"两人距离近，讲话声音不需太大"，培养了幼儿文明语言等好习惯。
　　3. 过程层层推进，确保教育目标的实现。教学展开的过程就是目标不断实现的过程，张老师在实施教学的全过程中，环环相扣又步步深入。首先，在场地 |

---

① 陈国强. 良好的教育机智——观摩中班音乐活动"认识你呀真高兴"有感[J]. 早期教育（教师版），2009（11）：35.

续 表

活动评价	准备时把椅子两两相靠摆放，这样有利于男女结伴活动。接着，在活动过程中，师幼彼此用语言问候，使教师与幼儿、幼儿与客人老师之间建立了初步的沟通，为学习提供了和谐的心理环境。在学习"说歌词"表现形式时，教师采用发现式，让幼儿在听教师范唱的过程中主动发现不同，从而引发了幼儿说歌唱词的兴趣。然后，又以师幼轮流说进行练习，有了一定的基础后，让坐在一起的幼儿主动尝试两两结伴演唱，再到三人结伴演唱，练习难度逐渐加大，很好地完成了本次活动用说唱方式表演歌曲的目标，提高了幼儿商量、轮流等交往技能。在幼儿较熟练结伴说唱歌曲后，教师又适时地提出"还愿意怎样和朋友亲热呢"，给幼儿创造性地表现友好亲密关系的空间，也更高水平地达成了"创编部分歌词和动作"的目标。 最后教师又充分利用苏州教师、无锡幼儿的资源，尝试并欣赏用多种方言作介绍，拓展幼儿认知经验和再次探索学习的兴趣。 如果我们的教师在遇到新情况新问题时，都能及时调动自己的教学经验，迅速作出反应，调整教学方案，优化教学过程，那么，我们的孩子在活动中一定能学有所获，得到新的发展。
注意事项	
延伸拓展	

案例 5.4：小树的成长相册

执教者：南京市实验幼儿园　张　丹

活动名称	小树的成长相册	教学领域	数学活动
活动来源	主题：我长大了	活动时间	25 分钟
活动形式	大组活动	适用年龄	中班
活动目标	1. 能正确地按数量给卡片分类和按数量排序，进一步理解 4 以内数的实际含义。 2. 了解小树生长的过程，有初步的逻辑判断能力。		
活动准备	1. 经验准备：幼儿认识过数字 1—4；有初步目测 4 以内数的经验。 2. 物质准备：学具：相册模板 16 个、相应图片 16 套；教具：相册、照片范例。		
活动过程	1. 导入，引起幼儿兴趣。 　（1）师："树妈妈给她的小树宝宝照了许多照片，我们来看看，她都给小树拍了哪些照片。" 　（2）出示小树相片，幼儿感受照片上小树的不同数量和不同的生长阶段。 　　"这是小树的照片吗？这是小树什么时候的照片呢？" 　（3）说一说数量和生长阶段。如：3 颗树种子、2 棵小芽等。 2. 按数量分类整理相册。 　（1）观察相册，准确认识数字 1、2、3、4。 　　师："这些照片有些乱，树妈妈想给小树做个成长相册，请我们把照片都整理到这个漂亮的相册里。" 　（2）出示数字 1—4，理解数物匹配。 　　师：树妈妈给她的宝宝拍了很多照片，有单人照、双人照，还有更多树宝宝的照片，我们可以用数字表示吗？分别用数字几表示？ 　（3）鼓励幼儿找出所有与数字 1 相同的照片。 　　师：好，你们每个人都有一本这样的相册和小树的照片，你们想想数字 1 后面可以放哪些照片呢？你们来试一试。拿到相册的小朋友动脑筋贴		

续 表

活动评价	好1后面的照片就拿来给树妈妈看看。 教师展示幼儿的"小树成长照片"。师：请小朋友上来在大相册上排照片。并且说说你为什么这样排？（原来1不仅可以表示1粒种子，还能表示1棵树……） 师：1可以表示什么呢？还可以怎么排？你为什么这样排？（不仅能看出是几个小树的合影，还能表示出小树的生长过程，就像你们的爸爸妈妈给你们拍的从小到大的照片一样） （4）请一个幼儿尝试用这样的方法排列数量。 3. 幼儿分组操作，教师观察指导。
活动评价	**自我评析：** 数学是具有高度抽象性和逻辑性的学科，要把发展思维而不是计算作为数学教育的目标，幼儿只有通过自己的思维活动，依靠自己的经验才能真正理解数学。因此，我根据中班幼儿的数学发展特点，注重活动的经验化、情景化、游戏化、综合化，让幼儿在有趣、快乐的活动中主动建构、主动发展。 **一、活动设计的背景** 1. 在综合教育主题背景下开展数学活动。将数学活动和主题相结合是非常必要和有利的，这能使幼儿将对主题的兴趣延伸到数学学习中。《多彩的秋天》主题中有一条主题线索是树。幼儿对树充满了浓厚的兴趣，教师可借助小树的成长这一情景，让幼儿快乐地学习数学。 2. 数学是个学科性很强的学科，幼儿数学的发展有赖于他们认识发展阶段的特征，数学活动的设计既要符合幼儿年龄特点也要讲究顺序性。 （1）把握关键经验。中班幼儿数学的关键经验包括"将数量与数字进行匹配，理解数字的意义"，教师将小树作为媒介，引导幼儿进行数物的匹配，在游戏中理解数量。 （2）注重数学教育内容的系统性。数学教学内容的安排应遵循数学知识的系统性和幼儿学习数学的逻辑顺序，体现先易后难、循序渐进的特点。 **二、活动目标的定位** 目标一是能正确地按数量给卡片分类和按数量排序，进一步理解4以内数的实际含义。中班上的幼儿应当理解7以内的数量，因为牵涉到双维排序，所以教师把理解数量定位为4以内。 目标二是了解小树生长的过程，有初步的逻辑判断能力。数学和科学本来就是相互联系的科学，本活动中自然渗透了科学教育的目标。在这个活动中，教

续 表

活动评价	师通过小树的成长照片帮助幼儿体验各种逻辑关系（数和量的等量关系和小树成长的逻辑顺序）。 **三、活动过程分析** 第一个环节，教师通过创设欣赏树妈妈给小树拍的照片这个情境，引发幼儿对活动的兴趣。在这个环节中教师的教学重点是感受照片上小树的不同数量和不同的生长阶段。教师采取的策略是创设情境和提问。数学具有抽象概括的特征，而幼儿的思维又具有具体形象的特点，因此幼儿的数学学习就应更多地在具体的情境中进行，使幼儿所学的知识有情有境，能引起其极大的兴趣。教师通过前置的提问，引发幼儿关注点，让幼儿带着问题观察，同时也培养了幼儿语言表达的能力，帮助幼儿使用规范的数学语言如"一粒种子"等。 第二个环节，幼儿按数量分类整理相册。教师同样用了大树妈妈请小朋友帮助做成长相册这一情境，持续幼儿的兴趣。教师没有直接教授怎么放，而是给了幼儿自己思考、自己探索的空间。这个环节蕴含了几个思考： 1. 给幼儿自由思考的空间，允许幼儿尝试错误。通过这种尝试和纠正，能帮助幼儿理清自己的思路，反思自己的思维，内化对数的理解。 2. 鼓励同伴间的相互学习，教师幼儿同伴互为"学习共同体"，在这个过程中，通过其他幼儿的介绍，幼儿习得了知识，并且大家同为一个思维水平，同伴的语言更易理解和内化。 第三个环节，在注意数量的同时注意小树生长的逻辑顺序，尝试双维排列。双维排列可以有效地培养幼儿兼顾不同维度、看属性进行多重分类的能力。这是比较难的，但是有上一个环节的基础幼儿能很好地解决这一问题。这个环节教师策略可以灵活安排，如果有幼儿在上一环节中已经这样排列了，可以请幼儿介绍自己的有益经验，引发同伴学习。如果没有，教师可以从幼儿的生活经验出发，引导幼儿回忆自己的经验，思考什么是成长，尝试排列小树的成长顺序。 第四个环节，幼儿分组操作，教师观察指导。这个环节的重难点是幼儿双维排列完成全表。采用的教学方式是操作法，幼儿在亲手操作材料、摆弄物体的过程中进行探索学习，从而获得和巩固数学经验、逻辑知识。操作法是数学最基本的方法，同时也符合皮亚杰的认知发展理论。 总之，教师在教学过程中要给幼儿探索的空间重视幼儿对数学概念的自我消化和自我建构，这样幼儿才能将数学知识内化为 种运用数学知识解决问题的能力。
注意事项	
延伸拓展	可以在数学区中开展此类活动。

案例 5.5：猫和老鼠

执教者：南京市第一幼儿园　费　颖

活动名称	猫和老鼠	教学领域	音乐游戏
活动来源	音乐游戏	活动时间	30分钟
活动形式	大组教学	适用年龄	大班
活动目标	1. 学习音乐游戏"猫和老鼠"，了解游戏的情节和规则，感受乐曲诙谐、欢快的风格。 2. 通过手部游戏、动作创编、故事情节累加，进一步感受游戏音乐的节奏和变化。 3. 体验音乐带来的想象，感受游戏的快乐。		
活动准备	相关的磁带		
活动过程	一、欣赏乐曲A段，并创编相关的动作。 　　1. 倾听A段，区分乐句。 　　幼儿倾听音乐，初步感受并辨别猫和老鼠的不同乐句。 　　2. 师幼互动，分角色体验、表现"猫"和"老鼠"的乐句的区别。 　　幼儿边倾听音乐边通过手部动作表现"猫走"和"老鼠跟"的游戏情节。 　　3. 创编大猫走路的动作。 　　师幼共同讨论，用不同空间位置、行进方向的身体动作表现"大猫走路"。 　　4. 将创编出的动作随乐练习。 二、师生共同讨论B段中"猫戏老鼠"的动作并练习。 　　1. 师幼讨论猫戏老鼠的方法。 　　2. 教师扮演成大猫，示范"猫戏老鼠"的方法。 　　3. 师幼共同游戏。 三、完整学习游戏：猫和老鼠。 　　1. 教师领队，师幼共同游戏。		

续 表

活动过程	2. 替换新的动作游戏。 3. 幼儿领队再次游戏。 4. 拓展游戏情节（配班教师扮演"急性子猫"），师幼共同游戏。
活动评价	**自我评析：** 大班阶段孩子的创造欲望比较强烈，会越来越喜欢那些能满足想象和创造欲望的活动。在活动中孩子们的表现与表达方式也越来越多样化，与同伴合作的意识也逐渐增强。根据这样的特点，在韵律活动《猫和老鼠》中，我们通过创设游戏化的情境，引导幼儿根据游戏情节"爱臭美，喜欢跳舞的猫出门散步"，来创编各种有趣的身体动作，经过讨论、实践和再讨论、再实践的过程逐渐明确游戏玩法，并与同伴合作随乐游戏。 在此过程中，不断产生的高级榜样激起了孩子们主动模仿并不断创新的愿望。高级榜样，顾名思义，就是利用榜样的作用来进行教育。在幼儿园音乐活动中，高级榜样不仅自身能给学习者的自我提升提供帮助和借鉴，还能够有效激发幼儿的内源性动机，让幼儿自发地感受音乐、理解音乐和享受音乐，提高幼儿感受音乐的审美情趣和审美能力，满足幼儿求知、求成的需要，而成功的学习经验又能增强幼儿学习的自信心和自我效能感。 《猫和老鼠》中的高级榜样有： 高级榜样一："散步猫"。即教师带领幼儿随音乐 A 段玩"手部游戏"。教师随乐用手指表现"大猫"在身体的各个部位"散步"，一个乐句走，一个乐句停。幼儿用手指扮演"老鼠"，模仿"大猫"走路的节奏和散步路线。散步猫的出现是创编动作的前提，它帮助幼儿了解了音乐的节奏（两拍走一下），区分了乐句（一句走、一句停），同时故事情节"爱臭美、喜欢跳舞的猫"也为后面的动作创编提供了具体的线索。 高级榜样二："臭美猫"。先是个别幼儿尝试创编猫走路的动作，然后教师扮演"臭美猫"示范：空间位置的变化，最后再到个别幼儿扮演的"臭美猫"连续创编出 4 个不同的"走路姿势"。 这些高级榜样的动作为孩子们的创编提供了丰富的线索和元素。这其中，既有空间位置（高低）的变化，又有行进方向的前后左右变化，还有肢体姿态上的：旋转、弯曲、伸展、摇动；单手、双手等，以及移动方式上的：走、跳、爬的变化。这些动作既形象生动地表现了"爱臭美，喜欢跳舞的猫"走路姿势的多种变化，又体现了高级榜样所含的内在的理论逻辑。

续表

活动评价	高级榜样三："急性子猫"。急性子猫快速地化妆，走路飞快，还摔了一跤，只好一瘸一拐地往前走。它的出现不仅让动作频率加快，也使得游戏情节进一步延伸和拓展，增加了活动的趣味性和挑战性。在临近下课、幼儿接近疲劳的状态下，再次激发起幼儿参与活动的积极性。 总结起来，在《猫和老鼠》中的高级榜样有这样三个层次的变化，层次一：方位不同。层次二：空间水平不同。层次三：角色性格不同。由于高级榜样是以层层递进的方式提供的，每次都会以一种全新的思维来展现，因而每次都会给幼儿带来不同的惊喜和震撼。 通过对大班韵律活动《猫和老鼠》中出现的三个高级榜样的具体分析，我们发现：无论是哪一类型的高级榜样，它们自身都具有相对更高级的技能水平和更独特、更丰富的表现力，因此能有效地激发幼儿学习的内源性动机。而内源性动机驱动的学习为什么重要？这是因为它能够引导幼儿热爱学习、享受学习并终生将学习作为追求生命意义的途径。
注意事项	
延伸拓展	

案例 5.6：我长大了

执教者：南京市鼓楼幼儿园 陈 静

活动名称	我长大了	教学领域	社会活动
活动来源	主题：我长大了	活动时间	30 分钟
活动形式	大组教学	适用年龄	大班

续 表

活动目标	1. 尝试用语言、动作等方式表现成长给自己在身体、能力方面带来的变化。 2. 借助观看视频、操作等活动，感受成长带来的变化。 3. 愿意在集体中表达自己的想法，体验成长的喜悦。
活动准备	1. 将师生共同收集的婴儿用品（奶嘴、衣服、袜子、帽子、肚兜、尿不湿、学步车等）布置成"娃娃用品超市"；2. 班上孩子婴儿时的照片制作的PPT；3. 一位幼儿小时候的生活录像或照片PPT（能反映孩子成长变化的过程：有练习自己吃饭、自己穿鞋子、学习走路、看图画书等）；4. 电脑一台、投影机和幕布一套；5. 适合小班孩子的玩具若干（串珠、拼图、套杯等）。
活动过程	一、情境游戏"逛超市"，了解婴儿期的特点 1. 教师提出角色扮演的建议：今天，我们都来当小宝宝的爸爸妈妈，每个人到超市里为宝宝选一样东西，要说一说自己选择的是什么？小宝宝要用它做什么？ 2. 幼儿自由选择一样物品，并和同伴交流，说出物品的名称及用途。 3. 引导幼儿讨论：小宝宝穿的衣服、鞋子、帽子和我们现在穿的有什么不同？（比较小）宝宝为什么需要奶嘴、学步车这些东西呢？（因为宝宝小的时候不会自己喝水、走路）。 4. 教师小结：我们小时候也跟娃娃一样，身体小小的，不会用杯子喝水、不会自己走路、不会自己大小便，随时需要大人的照顾。 二、借助观看PPT和视频，感受并讲述自己身体和能力方面的变化 1. 教师播放班级幼儿婴儿时照片的PPT，引发幼儿讲述的兴趣。 教师：小时候的我们和现在长得一样吗？我们一起来看看，猜一猜照片上的是谁？师生共同观看PPT，边看边猜出名字。 2. 教师播放一名幼儿成长的视频片段，启发幼儿回忆并讲述自己成长的经历。 教师：我们从一个可爱的小宝宝是怎么样变成现在的"我"呢？来看看一段视频吧。（视频中有宝宝学走路、宝宝练习吃饭、自己玩玩具的片段） 教师边看边提问：宝宝在干什么？（教师根据幼儿的回答进行追问和反馈。如：宝宝走路的姿势怎么样？谁会稳稳当当地走给我们看看。我们一起站起来走一走，走得真棒！） 教师：我们从小宝宝长成了幼儿园的小朋友，有哪些地方发生变化了呢？（教师除了引导幼儿从身高、体重的变化来讲述之外，还可以鼓励孩子用身体动作来展示自己的能力：如学兔跳、做操、跑一跑，也可以用表演的方式来展现本领：如念首儿歌、唱首歌、比赛穿衣服、鞋子等等）

续表

活动过程	3. 教师小结：我们长大了，身体长高，体重增加了，力气变大了，有很多的变化。 三、自选操作活动，进一步体会自己的成长 1. 介绍操作材料，鼓励幼儿自由选择，体验成长的快乐。 　教师：进入小班以来，小朋友们和老师一起学会了很多新游戏，这里准备了一些游戏材料，小朋友可以自己来选择玩一玩，看谁玩得又快又好。（提供适合小班幼儿的玩具，如串珠、拼图、套杯等。） 2. 幼儿自选操作活动，按照规则进行游戏。 3. 教师小结：我们长大了，会越来越能干，希望小朋友们个子越长越高，本领越来越多！
活动评价	
注意事项	
延伸拓展	1. 区域活动 　阅读区：请幼儿选择2—3张自己小时候的照片带到区角里来，教师引导幼儿一边观察照片一边讲述照片上的内容。 　益智区：教师将幼儿小时候的照片与现在的照片布置在底板上，请幼儿在观察面部五官的基础上进行匹配。 2. 日常活动 　在生活活动中，鼓励幼儿做好自己力所能及的事情。如午睡时自己穿脱衣服、鞋子。吃饭时自己大口吃完碗里的饭菜，不洒落，不挑食。散步时提醒幼儿一个跟着一个走，不掉队。 3. 亲子活动 　请幼儿和家长一起制作"我的本领多"记录板，用图画和文字记录当前幼儿能够自己完成的事情（如独立睡觉、自己吃饭、刷牙、洗脸、穿脱衣服鞋子、整理玩具等），再记录下幼儿对自己的期望（如学会叠衣服、学会轮滑、洗袜子等），鼓励幼儿努力去实现愿望。

续 表

案例 5.7：捏面人

执教者：河海大学幼儿园　由　佳

活动名称	捏面人	教学领域	歌唱活动
活动来源	主题：人们怎样工作	活动时间	30 分钟
活动形式	大组教学	适用年龄	大班
设计意图	捏面人是我国传统的民间工艺。孩子们喜欢围在面人摊边，一站就是半天，特着迷于那五颜六色的面团，各种花色工具，再加上师傅灵巧的工艺，从老人布满皱纹的手中会诞生出一个个栩栩如生的面人，真是绝了！而如今，生活在城里的孩子还能了解多少这样的民间艺术？《捏面人》这首歌曲，让孩子们的			

续　表

设计意图	心灵与古朴的艺术亲密联系在了一起。我们开展了捏面人的系列活动，让孩子们在亲身实践中去感受中国文化和民间艺术。 　　无锡是泥人的故乡，这里的孩子自小就受到传统艺术的熏陶。在孩子们原有经验基础上，我们再帮助孩子了解一些面人的工艺，拓展幼儿的知识面，更加丰富对传统工艺的了解。 　　《捏面人》是一首原创歌曲。曲调中渗透了些京韵味儿，歌词中融合了儿童喜爱的故事人物形象，易引起幼儿的共鸣。同时教师采用生动、富有表情的体态动作，帮助幼儿轻松学习歌曲。并通过创编等手段，让幼儿在挑战自我中感受快乐！
活动目标	1. 学唱歌曲《捏面人》，感受歌曲稚趣、生动的风格。 2. 在学习原有歌曲的基础上，借助多媒体、图片、同伴间的讨论，即兴创编与演唱歌曲。 3. 在创编歌词与由慢到快的演唱中，接受挑战，体验乐趣。
活动准备	1. 玩过面泥，并见过一些面人形象。 2. PPT课件、图片、黑板、粉笔。
活动过程	一、观看多媒体，引出课题 1. 进场：律动《泥娃娃》。 2. 教师借助多媒体，引出歌曲部分内容。 二、熟悉歌曲旋律与主要内容 1. 教师范唱歌曲，用身体动作表现歌词。 2. 师："爷爷都捏了什么？" 　　幼儿运用已有经验，根据教师的身体动作有节奏地说唱部分歌词。教师根据幼儿回答，逐一出示图片，帮助了解歌曲的部分结构。 3. 老师做动作，幼儿随音乐按节奏边做动作边念部分歌词。 4. 幼儿学唱歌曲。 　　（1）师生分别扮演老爷爷与面人，演唱歌曲的各部分1—2遍。 　　（2）教师逐步退出动作引导，让幼儿逐步学唱歌曲2—3遍。 　　师："我们和老爷爷一起学捏面人吧！" 三、启发幼儿按故事主题创编部分歌词 1. "老爷爷捏的是西游记的故事，那你想编一个什么故事呢？"鼓励幼儿讨论故事主题。

续 表

活动过程	2. 教师选取幼儿讨论的某一主题，对部分歌词进行替换创编，用图片提示幼儿创编内容。 3. 在图片的提示下，幼儿演唱由自己创编的歌曲。 4. 根据幼儿演唱的实际情况，尝试逐渐加快速度演唱，挑战自我。
活动评价	自我评析： 《捏面人》这首歌曲，曲调中蕴含着些许京韵味儿，歌词本身有趣、生动，并融合了儿童喜欢的《西游记》故事中的主角形象。整首歌曲中，渗透着浓浓的民族文化。在与孩子们分享这首歌曲的过程中，我尽可能帮助他们在轻松中学习，挑战中进步。 一、作品改编，更适合幼儿学唱 如何让歌曲更好发挥它的有趣性，更受幼儿喜欢呢？ 我对歌曲原创作了一些改编。 歌词的第二部分"捏一个孙悟空打妖怪……"这段歌词，容易引起幼儿注意，所以也容易先学会。正是容易学会，幼儿又感兴趣，反而容易忽视前面"捏面人的老爷爷……"这平白的第一部分。结果会形成一唱到第二部分就大声，唱到第一部分就模模糊糊地带过的情形。 我将第二部分设计成：教师不范唱，而做有节奏的动作表现主角形象。就像卖了一个关子，让幼儿猜测歌词内容，并用自己的语言表述出来。教师表现的形象容易帮助幼儿理解歌词，又由自己参与编歌词，虽然活动难度增加，但更有益于幼儿投入演唱。 由于只有第一部分范唱，使幼儿在不知不觉中关注到这部分。同时，在范唱方式上也要注意，夸大京韵唱腔，刻意模仿老爷爷低沉的嗓音，让幼儿从听觉上感受到不一样，提高幼儿的兴趣点，从而更加愿意尝试演唱。 当幼儿逐渐熟悉了这些由自己猜、编出来的歌词后，再鼓励幼儿创编新的故事歌词填入歌曲，并演唱这些创编内容，同时又为多练唱第一部分争取了时间。 二、策略交织，互相补充，互相促进 如何让孩子们在轻松中不断进步呢？ 我用了几个小小的方法，帮助幼儿克服在学唱中遇到的困难。 1. 小动作，大发挥 首先是动作引导。在范唱时，教师动作可以帮助幼儿理解、猜、编歌词。当幼儿初步熟悉后，教师渐渐从每乐句做两、三个动作过渡到只做一、两个，等

	续表
活动评价	幼儿更为熟练之后，甚至连一个动作都不用做，不知不觉使幼儿渐渐从看动作提示过渡到了自主记忆。 教师及时切入、退出动作的引导时机一定要把握好，一旦幼儿哪句未掌握到位，要及时再次切入。动作在这时又转化成了及时提醒演唱的作用。 动作还可以起到提示音乐节奏变化的作用。例如：有的孩子会编"骑白龙马"，这与之前的"吃西瓜"节奏相比，念白要快一些，有些幼儿就会跟不上。这时，教师骑白马的动作，也要有节奏的加快、夸大，暗示幼儿有节奏的加快念白。 这里有一点很重要，当幼儿对歌词有一定熟悉度时，教师的提示动作可以提前做，就是在幼儿演唱下一句之前做。给幼儿一个心理准备的时间。 这样的暗示，既没有破坏演唱的连续性，又不会令幼儿有紧张感。 2. 图片的出示与退出 图片的出示起到的是预示歌曲中第二部分结构的作用，也就是"面人"角色出现的先后顺序。在幼儿创编出自己的"面人"后，教师即兴画出幼儿所说的动作形象。然后，逐一撤掉图片，促进幼儿记忆歌词。当然，教师一定要根据活动中幼儿的掌握程度选择性地撤出，可以是一张两张，也可以是全部。 无论是动作还是图片引导，都是相互补充、相互促进的教学策略。 三、语言精练，教学要求层层递进 教师每引导幼儿演唱一遍，都要有一定的阶段目标。语言上要尽量适合活动情境，自始至终让幼儿有一种身临其境的感觉。 例如：当幼儿演唱完第二部分"面人"后，老师邀请幼儿一起扮演老爷爷，其实就是共同学唱"捏面人老爷爷"的第一部分。幼儿演唱后，老师又提出，"能不能把面人捏得再快一些？"实际上就是引导幼儿加快速度演唱。 在完成一个环节时，同时提出下一个环节的要求。这样既精简了教师语言，也提高了教学效率。 四、增加情境，给幼儿充分思考、讨论的空间 在这个活动中，幼儿猜、编"面人"以及创编新的"面人"歌词时，教师设计了一个自由讨论的环节，并用钢琴连续不断地弹奏这部分的旋律，给孩子创设一个比较轻松的思考氛围。当幼儿想出了一些自己认为比较好的歌词时，教师就引导其跟着背景音乐说说看。如果发现跟节奏不匹配，还可以试着调整。这看上去似乎是很平凡的一个小细节，可实际上，对幼儿在创编时形成的心理压力有很好的调节作用。让创编不再显得匆忙，而是一种有准备时间的思考。

续 表

	在创编新的主题时，教师将钢琴伴奏背景换成了整首歌曲的旋律。幼儿在这种有背景音乐的情境中与同伴讨论，心理上会相对放松。教师也能在他们的讨论中，发现更多好的主题。当背景音乐一停，幼儿就能感受到是结束讨论的时候了。有了这种隐性暗示，就不需要教师再用过多的指令性语言干涉了，并且让一种自然、轻松的感觉流淌其间。 　　**五、激发幼儿主动学唱，在不断挑战自我中进步** 　　大班幼儿喜欢有挑战性的活动，灵活地激发他们的挑战意识，能得到意想不到的效果。就如同前面所说的逐一撤出图片，这样就会大大激发幼儿的挑战意识，同时也缓解了幼儿反复演唱带来的疲劳感。幼儿很主动地要求："再来一遍！"甚至能达到不看图片、不看动作连续演唱的效果。 　　同时，教师要适时加入一些煽动性的语言，"我就不信难不倒你们？！"或"这样估计你们就记不住了吧？！"等类似的话语，会让幼儿更加兴奋地投入演唱。这比不断的夸赞要有效得多。太多的"好！不错！那再来唱一遍！"这些话语幼儿听得多了，反而会降低演唱的兴趣。 　　这些小方法，激发了幼儿的演唱兴趣，使幼儿在轻松、有趣的过程中，迅速学会、学好这首歌曲。
活动评价	一直以来我们都希望能寓教于乐，使孩子们能在轻松中学习。但事实上，孩子们要么学得很累，效果甚微；要么就是玩得开心，一无所获。我希望通过这些教学策略与方法，使得幼儿的学习既轻松愉悦，又大有收获，从而在学习过程与收获之间划上一道完美的连接线！ 　　点评： 　　点评人：江苏省中小学教研室　　毛曙阳 　　上好一节课，是每一位教师的目标和期望。课堂教学效果好，其原因也是多方面的。由住老师执教的大班音乐活动《捏面人》在优秀活动展中受到大家的好评，我认为主要有以下几个方面原因： 　　1. 内容选择恰当，富有吸引力。一个好的作品中会蕴含丰富的文化理念，有生命力的作品具有天然的吸引力和感染力。《捏面人》这一作品本身富有情趣，可以进行多次的选择和再创造。比如，将歌词内容与当下的奥运主题和儿童经验相联系，自然就有了良好的受欢迎的效应。 　　2. 教师具有较好的课堂把握能力，并善于进行引导。我认为把教师和儿童的"应对"看作是课堂的中心是很有道理的。在本次活动中，我们看到教师的

续 表

活动评价	活动层次清楚，内容富有挑战性。而且，十分可贵的是教师知道在教学中不能被学生牵着走，而是要发挥好"脚手架"的作用。比如，幼儿说"捏个妮妮在体操"，教师就引导儿童改为"捏个妮妮做体操"。一味地听从儿童和完全去指挥儿童都是不恰当的做法。 3. 凸显个人教学风格，活动过程风趣幽默。在让儿童大胆表现表达的同时，教师能自如地展现个人教学风格，较好地运用了幽默和游戏的手段，让儿童能放松心情，在多次的练习中不断增强能力，提高自信。整个活动过程流畅自然，儿童的积极性被充分地调动起来，教师的教学风采充分得以展现。
注意事项	
延伸拓展	

第六章　幼儿园教师的教育论文写作

这些积少成多的、随时涌现出来的、带有自身新鲜体验的话语积累会让写作者的思路更加清晰，也会让写作者自身的素养不断得以有效提升。

第一节 教育论文写作的概念和价值

一、教育论文的概念和种类

幼儿园教师的教育教学论文就是教师在总结日常工作经验的基础上,根据论文的一般要求撰写出反映自己最新的教育教学认识的文章,这些文章以经验型论文为主,也有少量的研究报告。教师的教育教学论文可长可短,力求以小见大,力求对实践工作具有指导意义。教育论文的种类也很多样,一般来说,包括量的研究报告、质的研究报告、文献综述类论文、调查研究报告、个案研究报告和经验论文等。在这里我们主要讨论的是教师的经验论文。

二、教育论文写作的价值

(一)有助于教师树立正确的教育理念

通过撰写教育教学论文,教师可以对众多的教育理念进行梳理,并在头脑中形成日渐清晰的理念。很多理念往往一开始是来自外部的专家,而在教师经历过自身的实践探索后,这些理念便因有了具体的事例的支持显得更为生动和有力。例如,教师通过思考,在论文中提出自己过去是心中有教案,而后在认真思考学习以儿童发展为本的理论后,便努力向着心中有儿童的方向发展。也有教师认为,自己过去对班级时间表的认识较为模糊,而在一段时间的实践后,发现时间表在营造安定有序环境方面正发挥着积极的作用。

(二)有助于教师系统地总结阶段性的经验

教育教学论文能够让教师静下心来思考自己本阶段的实践历程,通过整理平时的儿童观察记录、教学记录以及教育心得，对给自己留下最深刻印象的教育事件进行分析和讨论，从而形成阶段性的总结经验。通过及时的梳理，结合理论的学习，教师就有可能写出高水平的经验论文。如果教师疏于整理近一阶段的收获和体会，那么即使自己做了很多有价值的研究和创造性的工作，也会由于缺少整理，而让这些成果仅仅停留在个别事例的水平上，而且教师对这些典型事件的印象会随着时间的推进而日渐模糊。通常来说，一个学期过后，教师可以借助平时所积累的儿童观察记录资料和教育教学反思材料，系统和全面地分析自己班级在教育实践上的新探索，分析讨论幼儿新的变化和发展，反思自己在教育理念上的新进展，确定某一话题，从而写出高质量的经验论文。

（三）有助于提高教师的研究水平

学贵质疑。教育论文能够有效地提高教师的思辨能力。通过提出问题和假设，通过逻辑分析和推论，教师会以新的视角来审视日常的工作，并会发现自己的思维能力有了很大的提升。论文写作有助于教师进一步梳理日常的教学工作，加强对案头资料的整理，从而能更好地归纳总结日常的教学经验，从中发现教育规律。教师也可以通过详细的观察记录资料，更加深刻全面地认识和理解儿童的内心世界。这些生动的资料可以让教师心目中儿童的形象更加具体和真实。通过论文的写作，教师还可以查阅到大量的相关研究，知道同行们的所思所想，了解到同行们的共同研究趣向。这些研究无论是在内容上还是在方法上，都能让教师从中获得新的受益和启发。通过大量、反复的写作训练，教师的书面语言表达能力也会有很大的提升，他们的语言表达会更加简洁有力、层次清晰，并更具说服力。教师面对的是不断变化发展的幼儿，学前教育工作富有极大的创新性，因此，教师不仅是教育教学工作的实践者，同时也是具有独到眼光的研究者。

第二节　如何写好教育论文

一、以自己真实的教育实践和研究为基础

有了丰富深厚的教育教学改革经验，有了最新的实践探索，教师的教育论文才可能有新意，有深度。教育论文不能是为写而写，应是有感而发，立足实践，直面身边的真实问题。教师要把日常工作当作研究来看待。在平时有大量的文字记录和经验的积累，教师就有可能在其中寻找到适当的话题和材料来组织成一篇好的文章。例如，教师在平时进行过大量的、有效的绘本教学后，就有可能对儿童绘本和绘本教学有更加深刻的认识，便可能以此为切入点来写作一篇关于绘本教学的经验论文。如果写作时毫无实践基础，那么写出来的文章就会脱离实际，或显得过于肤浅。可以说，自己的教学实践是教师教育论文写作的基础和灵感的源泉。有的教师的论文在读完之后，让人感觉恍若隔世，因为文中所描述的内容都不是当下人们最关心的问题，依旧是在炒冷饭般地重复他人的观点。有的教师的论文读后让人感到不知所云，因为文中谈的事情与教师的日常工作并不相关。

二、平时注意收集各类实践性的经验资料

教师平时就要积累大量的活动心得、儿童观察记录和教育教学反思，这样在进行论文创作时才会有丰富的实践资料可以引用。教师要有良好的规划，要把自己的记录作必要的分类，对原始的文字记录进行整理，对各类记录进行筛选和反思，从中寻找到有价值的内容。一般而言，经过一段时间后，教师会对原来的记录产生新

的思考和认识。这些经验性的资料看起来并不起眼，但却是教育教学实践历程的真实记录，具有特殊的价值。

三、通过多种途径收集与论文主题相关的信息

教师可以通过书籍、杂志和网络等媒介了解他人在写作主题方面的研究成果。他们研究的话题、采用的方法和呈现的典型案例都可能给教师带来新的启示。另外，通过阅读别的研究者在书籍或文章中所提到的资料来源，教师还可以按图索骥地去查找资料的最初来源以扩展自己的认识。目前，通过互联网，教师可以足不出户地寻找到各类自己感兴趣的专业资料。中国知网（CNKI）是中国知识基础设备工程的简称，是以实现全社会知识资源传播共享与增值利用为目标的信息化建设项目。CNKI提供了一个较好的数据搜索平台，提供了对标题、作者、关键词、摘要、全文等数据项的搜索功能。通过这一搜索平台，教师可以很方便地查询到中国基础教育期刊全文数据库、中国基础教育重要报纸全文数据库和中国基础教育优秀硕博士论文全文数据库等专业资料。教师可以在知网上以QQ或微信方式进行注册，就可以免费下载一些专业资料，从而进一步拓展自身的视野。

四、注意写作的各项规范

论文写作有它自身基本的规范。如果是作为自身教育教学经验的总结，那么只要在文章中阐述真实的想法和情感即可。教师可以用多种方式来阐明自己的观点。一般来说，论文要有题目、摘要、正文和参考资料。如果教师期望自己的文章能在论文的评比中获奖，希望能在正式的学术刊物上发表，那么教师的论文就要符合论文评比的要求或某个学术期刊的正式要求。

教育论文的题目要恰当。切中主题、言简意赅的题目能够以小见大，易于读者的接受和理解。摘要是用简练的语言对整个文章做简略的描述。正文部分的内容要求观

点鲜明，论述有力，层次清晰。在参考资料部分要注意用规范的格式来进行表述。

教师在进行教育教学论文写作时，要坚持不抄袭他人的道德底线。适当地引用他人的研究成果并标明出处是可以的，但无原则、无限制地抄袭他人的文字则是不允许的。不管是基于怎样的理由，教师都应该坚持自主写作、诚实写作。抄袭他人的文字可能在某些时候会获得利益，但却会扰乱正常的学术交流秩序，降低本专业的学术影响力，也使得自身的信用受到影响。

五、不断提高文字的表述水平

教师的教育论文要注意文字的流畅性、严谨性和可读性。教师可以通过多种方式来提高文字的质量。论文的结构严谨，思路清晰是提升论文质量的基础。要做到语句通顺和文字优美是一个需要教师持续努力的过程。教师平时要多观察多记录，并善于随时写下自己的心得体会。在阅读他人的文章时，也要随时写下自己的心得体会和对作者观点的认识。看到别人文章中那些有价值的和好的段落要多学习和多思考。这些积少成多的、随时涌现出来的、带有自身新鲜体验的话语积累会让写作者的思路更加清晰，也会让写作者自身的素养不断得以有效提升。写完论文后，教师可以通过反复修改和多次通读的方式来让自己的文字表述更加流畅和朗朗上口，这样也会让自己的文字中少出现一些低级错误，进而提升论文的质量。在写作中，要注意语句通俗易懂，尽量使用简练的和人们熟悉的文字，不要特意使用那些拗口、生僻的词语。此外，一个好的写作者身后往往会有一个强有力的学习团队，借助小组和团队的力量，大家会在一起自然地相互倾听、交流和共享，通过这一过程，写作者的能力也会持续提升。总之，通过对文字的斟酌提炼，教师可以做到既能简洁有力地表达，又不影响自己文章的主要内容和思想的阐述。

认真撰写文稿，不断反思总结经验，积极投稿，尝试在专业期刊上发表自己的文章。教师有了大量的实践经验和专业反思，有了长期的积累和训练，就可以尝试着在各类专业期刊上发表自己的文章，从而不断提高自己的专业水平。有学者就如何进一步提高稿件的质量和水平,提出了以下5点建议:(1)了解刊物的风格和定位。不同类别的期刊在收稿范围、栏目设置、刊文风格、投稿方式、文章要求和读者群体等方面的要求是不同的,因此,在投稿前作者必须对目标期刊的定位有深入的了解,确保所投文章与目标期刊的定位、要求相符合,不可盲目投稿。(2)明确投稿要求。不同期刊对稿件的要求是不一样的。有的杂志要求作者投稿到指定邮箱,有的杂志要求寄送纸质稿件,有的杂志要求专家推荐意见,有的杂志规定文章的篇幅不能低于3000字,因此作者要严格遵守这些规定,按照相关要求投送自己的稿件。(3)投稿前多作润色修改。文章和美玉一样,需要不断地雕琢,才能越来越精准、明白。投稿的最佳时机,并不是文章新鲜出炉的时候。作者要把写好的论文暂时搁置起来,隔一段时间再回头细读,就会发现许多问题,这时就可以对原稿进行修改。修改完成后,可以再搁置一段时间,并再次仔细阅读,又会发现有不合适的地方,有时还会产生新的思路。如此循环修改,直至改无可改,才能慎重地投稿。在修改文章的过程中,作者要围绕文章的中心论点和分论点修改材料,补充不充分的材料,调换空泛、陈旧的材料,删除不实、不当、可有可无的材料。要检查文章结构是否完整,中心是否突出,层次是否清楚,思路是否通畅,详略是否得当,论点与论据、中心论点和分论点之间是否有严密的逻辑性,相关参考资料的出处是否正确无误。(4)提高稿件的清晰和美观程度。漂亮、规范、合乎期刊要求的文章排版恰如一件合适的外衣,会给编辑留下良好的第一印象,也能增加文章的印象分。作者应对照相关标准,确保字体、字号和行间距符合的期刊的排版要求。(5)留下详细和正确的联系方式。稿件投递时,作者一定要按照要求留下详细的个人信息,便于编辑能够及时与作者进行联系和沟通。作者要对自己文章的真实性、准确性和规范性负责,要不断地雕琢、完善自己的文章,并为它寻找合适的舞台,实现发表的"纵身一跃"。自己的投稿未被录用是作者经常遇到的事情,只要坚持写作,不断成长,文章发表的惊喜就会降临到作者的面前。[①]

[①] 颜莹.教育写作:教师教育生活的专业表达[M].南京:江苏凤凰教育出版社,2020:229—231.

第七章　幼儿园教师课题研究写作

如何了解幼儿，如何才能进入幼儿的童心世界，这本身就是一个经久不衰、富有生命力的研究课题。

第一节　课题研究的概念和价值

一、课题研究的概念和内容

何为研究？所谓研究就是要查明事情的真相。人类都有了解、解释并弄清楚我们所经历的事情的内在冲动。"从某种意义上说，研究者的工作类似于侦探的工作，既要查找有关线索，进一步了解事情是如何发生及发生的原因，又要对那些令人感到神秘或困惑的事情提出问题，并带着问题开始研究工作。研究者们使用经过反复验证过的研究方法，搜集他们所需要的线索和信息，以帮助他们'解决'、理解并解释这些问题……一些研究者采取线性的、逻辑的方式，也就是演绎式的研究方法论。该方法论与实证主义范式密切相关，通常要等到所有数据收集完毕以后，才开始分析数据并得出结论。他们常根据已有的理论或已完成的研究提出假设，仔细设计研究方案，以验证假设。还有一些研究者采用的则是变化性和直觉性更强的路径，也就是归纳式的研究方法论。该方法论与解释主义和后现代主义范式密切联系，通常采用质性研究方法来搜集数据。一般而言，研究者都努力避免对研究结果有过多的预设，他们非常希望能接近数据并分析数据，然后从中形成自己的理论，或者修改研究路线，以进一步理解研究对象。"[①]

杜威十分重视人们的研究和思考，他认为思考本身就是一种研究，他提出："有时，谈论'原创研究'时，我们似乎认为它是科学家或至少是高年级学生才有的特权。但是对于研究者本人而言，所有的思考都是研究，而所有的研究都是原生的、原创的，即使世界上的其他人已经知道他仍在寻找什么。"[②]

---

① [澳]麦克诺顿，等. 早期教育研究方法：国际视野下的理论与实践［M］. 李敏谊，等，译. 北京：教育科学出版社，2008：13.
② [加]迪策，卡欣. 幼儿园户外与自然游戏［M］. 陈欢. 译. 北京：中国轻工业出版社，2023：401.

课题就是人们研究或讨论的主要问题或亟待解决的重大事项。有学者提出，研究应该包含以下几个部分：选择一个主题；搜集文献并做文献综述；形成一个具体的研究问题；设计研究方案；搜集信息；处理分析数据；得出结论；撰写研究报告。[1] 一般来说，幼儿园教育的课题研究就是以学前教育学、儿童心理学的相关理论为依据，以幼儿园教育现象为对象，以探索幼儿教育规律和解决幼儿园教育问题为目的的一种创造性研究活动。幼儿园课题研究应该是一种有目的、有计划、有系统地认识幼儿园教育规律的过程，改进幼儿园教师实践的过程。包括申报课题与日常研究课题，都是为了解决实践中出现的问题。

二、课题研究的价值

（一）有利于深化教师对幼儿的理解

幼儿园教育应当以幼儿发展为本，因此课题研究的最终任务也是指向幼儿的。通过一系列的课题研究，教师会积累起更多的关于幼儿的资料，深化对幼儿的了解。有了大量的经验支持，教师对幼儿的理解就不会是片面的和抽象的。教师不仅可以对幼儿个体发展特征有所了解，而且通过对班级中幼儿的观察，进一步对幼儿在群体的地位和发展水平有更深刻的认识。教师也能从大量的教育事例中，总结归纳出许多有效的教育和管理幼儿的策略与方法。正是在充分了解幼儿的基础上，教师才有可能更加有力地支持幼儿的发展，为他们创设更加适宜的环境，提供更多的选择机会和活动空间。

（二）有利于提高教师的研究能力

通过课题研究，教师能够进一步总结日常的教育教学经验，让自己系统地回顾所经历的研究历程，使自己对研究对象的认识产生质的飞跃。通过课题研究，教师

---

[1] ［澳］麦克诺顿，等. 早期教育研究方法：国际视野下的理论与实践［M］. 李敏谊，等，译. 北京：教育科学出版社，2008：14.

的各项专业能力都会得到显著的提升,如教师的观察能力、搜索信息的能力、思考问题的能力、语言表达能力、现代教育技术应用能力、合作能力和管理能力等。有效的课题研究会让教师以新的视野来审视教育现象,更多地在日常活动中寻找问题,更多地去关注儿童的行为及其背后的原因,从而使教师的研究意识和能力得以不断提升。而课题研究也是一项需要多方通力合作的过程,在团队合作研究的过程中,通过大量的交流研讨,教师的归属感和职业幸福感会得到提升,并会产生更多的社会责任感。

(三)有利于提升幼儿园的保教质量

教师的研究能力有了提升,幼儿园的保教质量就会得到更加充分的保障。同时,以课题研究为纽带和桥梁,通过教师个体的努力,幼儿园会日渐成为一个充满活力的学习和研究共同体。在幼儿园中,教师的工作往往带有明显的个体性和分散性,而课题研究有利于加强成员间的联系,可让园所形成积极向上和团结进取的良好文化氛围。此外,课题研究的成果也会进一步提高幼儿园日常的教育教学水平,进一步提高人们对幼儿园教育的认同水平。

第二节 如何做好课题研究

一、确定合适的研究问题

(一)适合于幼儿园教师的研究课题

在进行课题研究时,首先要回答的问题就是:要研究什么。南京师范大学吴康宁教授从社会和研究者两个角度把研究的问题分为四类。

(1) 异己的问题。教育理论的发展或教育实践的改善迫切需要解释与解决的、但研究者本人并无相应研究欲望与研究热情的问题。

(2) 私己的问题。研究者本人怀有研究欲望与研究热情，但未必是教育理论的发展或教育实践的改善迫切需要解释与解决的问题。

(3) 炮制的问题。即非教育理论的发展或教育实践的改善所迫切需要解释或解决的问题。

(4) 互通的问题。即教育理论的发展或教育实践的改善迫切需要解释或解决的，研究者本人也有研究欲望与研究热情的问题。

因此，对教师而言，"互通的问题"才是值得研究的教育科研话题。

总体来说，幼儿园教师的课题研究内容应该是自己身边的问题，应该是自己最感兴趣和最想探究的问题。

有学者指出可以从五个方面来思考课题研究的内容。

(1) 抓住教育对象，研究幼儿。如何了解幼儿，如何才能进入幼儿的童心世界，这本身就是一个经久不衰、富有生命力的研究课题。幼儿园开展教育科研，研究幼儿，具有得天独厚的优势，因为教师每天的工作接触的就是幼儿。

(2) 幼儿园教师实践背景下的教育问题。教师在日常的教育教学工作中，善于观察、善于反思，就很容易发现教育实践中的问题，寻找相关理论作为实践的指导，解决教育中的困惑。这个过程本身就是研究的过程。

(3) 教师自身教育行为。教师研究自身的教育行为与研究他人相比更具有可行性和高效性，对自身的反思与研究更有利于改善教育行为。

(4) 总结成功的教育经验。对教育实践中的教育经验进行及时总结并上升到理论层面进行分析，是幼儿园开展教育科学研究比较容易切入的内容。

(5) 教育理论的实践研究。此类研究对教师的素质要求高，对提高教师的理论水平也有很大的帮助。[①]

[①] 张晖. 幼儿园教育科研指南 [M]. 南京：南京师范大学出版社，2011：8—10.

我们建议，幼儿园教师可以通过以下途径来确定研究的问题：

（1）在课题研究之前，教师可以翻阅自己平时的儿童观察记录、教学记录、读书笔记和活动心得等材料，从中寻找到自己最感兴趣的研究内容。然后可以发挥团队的力量，共同开展讨论。

（2）研究的题目要小一些，研究的时间可以相对短一些，研究的步骤和计划要尽可能详细，这样开展起来就会更加顺利。

（3）自己对这一研究话题有浓厚的兴趣和较长时间的关注思考。

（4）自己要有必要的时间、资源、便利的条件和专业能力来开展相关研究。

（5）研究的话题要符合伦理。研究不应对研究对象产生损害，要有利于幼儿的健康发展。

确定好研究的问题之后，教师就需要用简练的语言把研究的目标具体明确地写下来，这样才能让自己不受干扰，明确研究的重点和难点，形成清晰的研究思路。在研究中，要尽量使研究目标具体明确并具有可操作性，研究目标要和研究内容紧密联系。

（二）课题申报的一般要求

如果教师要开展申报类的课题研究，就需要了解各种类型课题的申报要求。对老师们来说，目前可以通过多个渠道来申报研究课题。根据课题管理部门的不同，我们可以把课题分为三类：第一类，教育科学规划课题。主要是由国家、省和市级的教育科学规划办公室负责；第二类，教育部门和各研究会的课题。主要由教研室、电教馆和研究会等部门和单位负责管理；第三类，几个幼儿园联合开展的或由单个幼儿园独立开展的课题研究。这类主要是由幼儿园自行管理，因而在研究的选题、时间和要求上更为灵活。

下面是关于江苏省教育科学课题管理规程等文件节选，供学习参考。

文件节选 1：

江苏省教育科学"十三·五"规划课题管理规程（节选）①

一、原则与宗旨

1. 进一步强化服务意识，通过持续有效的主动服务，积极营造健康、宽松、自由的学术氛围，倡导和鼓励广大教育工作者做说真话的科研，做真改革的科研，做有利于实践和理论创新的科研。

2. 进一步强化质量意识，通过管理形成权威、规范、高效的科研知识生产力，努力提高课题研究的质量和效益。

3. 进一步简化课题管理的程序和方式，全力推进课题研究的顺利展开，在规范的基础上尽可能为课题承担者提供方便，减轻课题承担单位不必要的负担，提高管理效率。

4. 对以往被实践证明积极有效、成熟完整的制度和规范不作大规模调整和改变，在适度创新的基础上进一步强化有效执行。

二、类别与总量

5. 设"重大课题""重点课题""专项课题"和"立项课题"四大类。其中"重大课题"全部有经费资助，采取招标和委托两种方式进行研究。"重点课题"和"专项课题"包括经费资助和经费自筹两类，"立项课题"需全部经费自筹。

6. "专项课题"类别更加多样，除已有的"初中教育专项""青年教师专项""人民教育家培养工程专项"外，增设"乡村教师专项"，以重点关注和扶持乡村教育研究；同时，与省教育厅相关处室、各有关单位合作，定期或不定期设立"体卫艺专项""学生资助专项""招生考试改革专项""教师发展研究专项""叶圣陶教育思想

---

① 江苏省教育科学规划领导小组办公室. 课题管理与规划［EB/OL］.［2023-09-20］. http://ghb.jsies.cn/content/aaUX4DZTdWv9o9gDaWuHdUBVyEpO6Fqn.html.

研究专项""陶行知教育思想研究专项"等专项课题。

7."十三五"期间，全省教育科学规划课题立项总数控制在6000项左右，其中重点课题占40%；重点课题中，有经费资助的课题控制在750项左右。

三、课题申报

8."十三五"期间，全省教育科学规划课题分三次实行限额网络申报，申报名额分配至各市、各高校，不收取任何申报评审费用。

9.凡在江苏省内从事教育工作的个人和团体（单位），均可申报江苏省教育科学"十三五"规划课题，没有职称要求。根据研究的实际需要，同一课题可同时署两个申报人姓名。

10.为鼓励和支持青年教师开展教育科研，"青年教师专项"课题申报者年龄放宽至40岁，所有40岁及以下的青年教师均可申报；青年教师申报比例在名额分配中明确规定，各市、各高校不得擅自缩减。

11.为鼓励和支持乡村教师开展教育科研，设立"乡村教师专项"课题，供村小、村幼儿园、乡村教学点学校老师申报。

12.有下列情况之一者不得申报省教育科学"十三五"规划课题：

（1）申报人无工作单位或挂靠工作单位；

（2）申报人所承担的前一个江苏省教育科学规划课题自行中断；

（3）申报人所承担的前一个江苏省教育科学规划课题未通过成果鉴定并获得结题证书；

（4）申报人所申报的课题不属于教育科学范畴；

（5）有确凿证据证明申报人在申报课题过程中违背科研道德。

13.同一申报人不得同时申报两项及以上课题；同一课题不能同时跨类别申报。

14.申报人须认真如实填写相关申报材料，其中：

重大课题申报人填写《江苏省教育科学"十三五"规划重大课题申报评审书》；

专项课题申报人填写《江苏省教育科学"十三五"规划专项课题申报评审书》

和《江苏省教育科学"十三五"规划课题申报评审活页》；

其他课题申报人填写《江苏省教育科学"十三五"规划课题申报评审书》和《江苏省教育科学"十三五"规划课题申报评审活页》。

15.《申报评审书》内"一、二"项内容由课题申报人按要求详细填写，不得空白，严禁弄虚作假。申报人所在部门（单位）须对《申报评审书》全面审核，对申报人的工作表现、业务能力、科研条件签具明确意见，并承担信誉保证。申报人所在部门（单位）和课题委托管理机构负责人应在《申报评审书》的相应栏目签具意见。

16. 有下列情况之一者，退回申报材料：

（1）所填的申报评审书非《江苏省教育科学"十三五"规划课题申报评审书》；

（2）申报材料没有通过正常的申报程序；

（3）申报者同时申报两项及以上课题；

（4）同一课题同时跨类别申报。

17. 江苏省教育科学"十三五"规划重大课题，由江苏省教育科学规划领导小组采用招标、委托的形式单独组织申报，由省规划办直接受理。

18. 重大课题以外的其他课题，幼儿园、小学、中等学校、特殊教育学校和县（市、区）、市单位人员按"县（市、区）教科室——市教科所（院、规划办）——省规划办"程序逐级申报；高校人员按"所在院、系——校科研管理单位（科研处、高教所等）——省规划办"程序逐级申报；省教育厅及直属事业单位人员直接向省规划办申报；上述单位以外的部门直接向省规划办申报。

19. 倡导研究周期多样化，支持研究者对教育改革热点、难点、重点问题开展短平快研究，也鼓励对某些重大教育理论与实践问题开展长线研究。

四、课题评审

20. 增强评审工作的规范性、科学性和公开性，匿名评审与非匿名评审相结合，确保评审过程和评审结果透明公开、客观公正，同时兼顾地区与学校间科研发展的相对平衡。

21. 组建由教育理论专家与教育实践专家相结合、省内专家与省外专家相结合的评审组,坚持教育科研的研究质量与学术品味,确保评审过程与评审结果具有较高的权威性。

22. 考虑到限额申报,适当放宽评审通过率,将原有30%—35%的评审通过率放宽至40%。

23. 重大课题和部分专项课题由省规划办组织评审,其他课题一律实行外省异地匿名评审。

24. 对职业教育与成人教育、幼儿教育与特殊教育,以及"初中教育专项""青年教师专项""乡村教师专项"等部分专项课题实行按比例分指标评审,以确保这些领域和专项课题的评审通过率与其他课题大致相当。

25. 省规划办人员和所有当年申报江苏省教育科学"十三五"规划课题的人员,一律不参与当年的课题评审。

26. 课题评审结果由江苏省教育科学规划领导小组核准后在省规划办网站予以公示七个工作日,公示结束后在省规划办网站以江苏省教育科学规划领导小组文件予以正式公布,不再为每个课题另行寄发书面立项通知。

文件节选2:

江苏省教育科学规划2023年度重点课题填报要求(节选)[①]

1.《申报评审书》中"课题研究设计与论证报告"和《申报评审活页》总字数不宜超过8000字,各栏目空间填写时可根据实际需要调节。

2. 按照各板块要求填写,不随意增加、删除或调整各条目的内容与顺序。"课题

---

① 江苏省教育科学规划领导小组办公室. 课题申报 [EB/OL]. (2023-07-05) [2023-9-20]. http://ghb.jsies.cn/content/i4jdvV47RcFfON2YskG4NPFJWJ2O1vn5.html.

的核心概念及其界定"应首先罗列核心概念，再对其进行解释，可包含内涵、特征与要素等内容；"国内外同一研究领域现状"可聚焦关键词进行学术史梳理，并做出简要点评，提出已有研究的不足之处，由此凸显本课题的研究价值；"研究价值"可从理论价值、实践价值与推广价值等层面展开论述；"研究目标"应直截了当地提出主要目标或终结性目标；"研究内容"可按子课题的方式来呈现，每条研究内容下应陈述或罗列具体的研究要点或待解决的问题；"研究重点"应从研究内容中提取；"研究的思路、过程与方法"应分开呈现，"思路"要描述研究的基本面貌，"过程"要根据研究周期按时间序列分阶段部署未来的研究工作，研究方法"应对本课题主要使用的方法进行罗列，并简要解释，整体可配以研究路线图加以说明"；主要观点"应表达与课题直接相关的核心主张，可从问题意识、突出价值与实现路径等方面展开"；可能的创新之处"可从研究视角、研究理念、研究方法与学术思想等方面加以论述"；预期研究成果"要匹配研究主题与研究内容，阶段成果与最终成果不重复，成果形式主要有研究报告、调查报告、论文、系列论文、案例集、专著等，成果名称即具体的报告题目、论文题目、专著题目等"。

二、搜集文献并做文献综述

教师可以通过多种方式深入了解与自己研究问题相关的各类信息和资料。各种专业书籍、杂志和报告等都是重要的研究资料载体。

目前来说，通过专业的网络，教师可以在网上收集到很多有价值的信息。

附件 参考文献格式

参考文献有具体的格式要求，根据国家标准《文后参考文献著录规则》（GB/T 7714—2005）的规定，具体要求如下：

文献参考类型：专著［M］，论文集［C］，报纸文章［N］，期刊文章［J］，学位

论文［D］，报告［R］，标准［S］，专利［P］，论文集中的析出文献［A］

电子文献类型：数据库［DB］，计算机［CP］，电子公告［EB］

电子文献的载体类型：互联网［OL］，光盘［CD］，磁带［MT］，磁盘［DK］

（1）著作

［序号］著者．书名［文献类型标志］．版次（初版不写）．出版地：出版者，出版年：起止页码．

例：［1］傅承义，陈运泰，祁贵中．地球物理学基础［M］．北京：科学出版社，1985：447．

（2）期刊文章

［序号］著者．题名［文献类型标志］．刊名．出版年，卷号（期号）：起止页码．

例：［1］王昌才．教育供求研究［J］．清华大学学报，1993，（4）：62—67．

（3）论文集

［序号］著者．题名［文献类型标志］//编者姓名．论文集名．出版地：出版者，出版年：起止页码．

例：刘占兰，周鸣俊，新的理念和方式培训教师［C］//中国学前教育研究会．纪念中国幼儿教育百年学术论文集．南京：江苏教育出版社，2003：410—414．

（4）报纸

［序号］著者．题名．［文献类型标志］．报名，出版年-月-日（版次）．

例：［1］赵均宇．略论辛亥革命前后的章太炎［N］．光明日报，1977－03－24（4）．

（5）电子文献

［序号］著者．题名［文献类型标志/文献载体标志］．［引用日期］．获取和访问路径．

例：［1］萧钰．出版业信息化迈入快车道［EB/OL］．［2002－04－15］．http：//www.creader.com．

三、制定出可行的研究方案

研究方案就是一个研究设计，这是一个创造性的过程，它将研究设想转化为一整套的研究实践步骤，用以指导研究者在实践过程中如何顺利地开展研究。

一般来说，研究设计包括以下步骤：

(1) 确定研究主题，形成可研究的问题（即研究"什么"）。

(2) 选择合适的研究路径（"如何"开展研究）。

(3) 考虑有关时间、地点和人物等问题（"何时""何地"和"谁"）。

(4) 选择数据收集和分析的方法。

(5) 评估研究设计的可行性和现实条件的局限。

(6) 根据试测，进一步完善研究设计。[①]

下面，笔者着重阐述研究方法的确定。

在课题研究的过程中，教师需要选择合适的研究方法来开展研究。一般来说，人们往往会在一个研究中综合采用多种研究方法来收集信息和数据以实现研究的目的。

幼儿园课题研究中常采用的方法有文献法、观察法、调查法、经验总结法、个案研究法和行动研究法等。

(1) 文献研究法。就是对文献进行查阅、分析、整理，并力图寻找事物本质属性而形成对事实的科学认识的方法。

(2) 观察法。是指研究者通过感官和辅助设备有目的、有计划地对研究对象进行系统的观察和考察，获取事实资料的一种方法。

(3) 调查法。是指研究者有目的、有计划地对研究对象进行问卷、访谈，以了解其总体现状，系统地收集有关问题和现状的资料，分析其因果关系，获得关于教育

---

① ［澳］麦克诺顿，等. 早期教育研究方法：国际视野下的理论与实践［M］. 李敏谊，等，译. 北京：教育科学出版社，2008：95—96.

现象的科学事实，从而形成关于教育现象的科学认识的一种研究方法。

（4）经验总结法。是依据教育实践所提供的事实，按照科学研究的程序，对积累的教育经验进行分析概括，深入、全面和系统地揭示经验的实质，使之上升到教育理论的一种教育科研方法。

（5）个案研究法。是对单一的研究对象进行深入而具体的研究的方法，是研究者选取一个或少数几个研究对象，广泛搜集个案的资料，彻底了解个案的现状及发展历程，对个案的典型特征进行深入而缜密的研究分析，确定问题症结，进而提出建议的一种研究方式。

（6）行动研究法。是一种适应小范围内教育改革的探索性的研究方法，其目的不在于建立理论、归纳规律，而是针对教育活动和教育实践中的问题，在行动研究中不断地探索、改进工作，解决教育实际问题。

当前，人们越来越倾向于在社会科学领域采用混合方法，即"研究者在单个研究或者某个研究计划中同时使用质性和量性两种方法来收集、分析数据资料，整合研究发现并做出推断"。[①] 在早期教育领域，由于研究往往在家庭和幼托机构中开展，所以人们更乐意采用混合方法研究，在研究中研究者往往会使用观察、文献分析、案例研究、访谈和小组讨论等方法来分析问题，这样他们可以同时拥有质性数据和量性数据。

四、撰写研究报告

做完研究后，人们希望以某种方式与他人共享研究成果，而研究报告是大部分人选择的分享方式。

研究报告一般包括以下部分：

（1）题目：研究项目的题目。

[①] Tashakkori A, Creswell J.W. The New Era of Mixed Mehods [J]. *Journal of Mixed Methods Research*, 2007, 1 (1): 4.

(2) 研究者的姓名、职称及所属单位。

(3) 致谢：你所获得的支持和资金来源。

(4) 摘要：关于研究问题、方法和结果的总结。

(5) 导言：说明你的研究背景和问题，总结此前研究的主要理论和发现，提出你的研究假设或预期的结果。

(6) 方法：描述研究的参与者，说明所使用的测量工具（如问卷、核查表和行为编码）及收集数据的程序。此外，还需介绍研究设计，有时还要指出研究的不足之处。

(7) 结果：总结你所收集的数据及所发现的问题。

(8) 总结、结论或建议：讨论研究结果及其意义。这里你可以解释发现的成果，思考其意义，提出有待进一步研究的问题，并指出自己研究工作的不足。

(9) 参考文献：按照字母顺序，列举你使用过的所有资源。不同的杂志、会议有不同的文献标示惯例，必须视情况而定。

(10) 附录：一些材料如果放在研究报告的主体部分太占版面，但对读者来说却非常重要的话，可以把这些材料放在附录中（可能包括原始的或未经过比较的数据、问卷、访谈问题或记录）。[①]

研究者在参考以上要求的同时，还需要根据课题管理者的要求增添新的内容。作为学前教育工作的实践者，一线的教师也许并不需要如此严格地进行报告的撰写，但是，了解了规范的报告形式会有利于我们不断提高自身课题研究的质量和水平。在论文的正文中，教师可以采用两种论证的方法：一是实践证明，即通过大量的实验研究获得的客观事实来验证事先提出的假设。这一方法强调的是方法的严密性和数据的可靠性。二是逻辑证明，即通过几个真实判断的论证来确定另一个判断的真实性。在这一方法中，需要作者以摆事实讲道理的方式，层层推进地来进行论述，从而更加清晰地表明自己的学术观点。幼儿园教师可在把握课题研究基本规范的基

---

① ［澳］麦克诺顿，等. 早期教育研究方法：国际视野下的理论与实践［M］. 李敏谊，等，译. 北京：教育科学出版社，2008：30—31.

础上,学习借鉴同类优秀的课题研究,围绕研究的主题,以多种形式有效地呈现出自身的研究历程和成果,不断提高研究的说服力,从而撰写出高水平和有自身特色的研究报告。

案例:全国教育科学十一五规划课题:《幼儿园综合课程文化的再构》课题申报书南京市实验幼儿园

一、选题意义

1. 幼儿园综合课程深化发展的要求

1983年,我园在南京师范大学原学前教育研究室的指导下,在全国率先进行了综合教育课程的开发、实验研究,初步形成了综合课程的基本架构。20多年来,在《幼儿园工作规程》《幼儿园教育指导纲要(试行)》的指导下,我园的教科研与时俱进,不断深化对幼儿园综合课程的认识与实践,已取得显著的成效。然而,"课程并不是一种固定的框架,而是一个持续发展的动态流程"(赵寄石,2004)。近几年来,各种学前教育理论与课程模式不断涌现。在学习新理论的过程中,我们觉得综合课程有继续发展的空间,需要进行更系统的研究。

2. 幼儿教师课程文化自觉的需要

教师课程行为的背后总有一定的课程思想作为指导,然而,这种课程思想并不一定都能被意识到。当课程行为成为缺少理性思考的习惯性行为,幼儿园的课程文化建设与课程实践都将停滞不前,出现"高原期"现象。在我园,年龄较大的老师由于工作过于熟练而产生了思维惰性,大批年轻教师入职后虽然很快掌握了综合课程的操作技术,但是却将综合课程视为约定俗成,缺少对为什么要综合、为什么要如此综合、综合的根本内涵是什么、我园的综合课程还有哪些不足等问题的深入思考。幼儿园综合课程的发展需要教师具有清醒的课程文化意识，及时反思与更新各自的课程文化，这首先需要唤醒沉睡在教师头脑中的课程文化。

3. 我国幼儿园综合课程实践发展的需要

缺乏理性思考，盲目跟风是我国幼儿园课程实践中普遍存在的问题。面对涌现出的每一种先进理论或课程模式，一些幼儿园认为双方的客观条件差距太大，无法借鉴；另一些幼儿园则单纯模仿，拘于形而疏于意。这说明我国的大多数幼儿园都没有形成理性的课程文化，没有自己的课程信念。以综合课程为例，现在我国大多数幼儿园都实施了综合课程，然而，却没有实现真正的综合，所谓的综合只不过是各科内容的大拼盘，内容之间以及课程与幼儿的生活之间都缺乏有机联系。因此，我国幼儿园综合课程实践的窘境迫切需要我们加强幼儿园综合课程文化的建设。

二、研究价值

1. 有利于综合课程的自我更新；
2. 有利于幼儿教师的文化自觉；
3. 有利于走出幼儿园综合课程实践发展的"高原期"；
4. 可以为其他幼儿园进行课程文化研究提供方向和借鉴。

三、概念界定

幼儿园综合课程是指我园在南京师范大学幼教专家们指导下持续探索与建构的课程模式。它是根据幼儿身体、心理发展的需要，顺应各种教育要素之间相互联系、交互作用的客观规律，从综合性入手，通过合理地选择教育内容、教育手段和方法，科学地组织教育过程而建构的一种课程模式。

文化有广义与狭义之分。广义文化是指人类后天获得的并为一定社会群体所共有的一切事物。狭义文化是指一定社会群体习得且共有的一切观念和行为。美国人类学家哈维兰和占德纳夫都反对文化中包括可见的行为，而应为导致行为并为行为所反映的价值和信仰等。在本研究中，我们认同美国人类学家哈维兰和占德纳夫的观点,将文化定义为:一定社会群体习得且共有的一切观念,它常常反映在该社会群体的行为之中。

关于课程文化目前有两方面的涵义:一是课程体现一定的社会群体的文化;二是课程本身的文化特征。前者主要是就课程是文化的载体而言的,后者主要是就课程就是一种文化型式而言的。它与学生文化和教师文化不同,它不是体现在学校中的某个社会群体上,即不是以学校中的某个群体为载体,而是以群体间的关系和活动为载体,教师和学生中任何一个方面的活动及所体现出的文化特征,无不在课程文化上有所体现。课程文化是教师和学生双方互动的产物。我们结合本研究对文化的规定,将课程文化定义为课程实践背后所隐藏的深层观念体系。

综合课程文化是指指导我园进行综合课程实践的深层观念体系。再构是指反思我园现已存在的综合课程文化,分析其优势与不足,然后借鉴学前教育相关理论,如脑科学、幼儿学习理论、实习场理论、全语言教学理论、鹰架理论、儿童的一百种语言等,推进我园的综合课程文化建设。

四、国内外研究现状述评

在学校教育领域,对课程文化的研究是近年来兴起的一个研究领域。从文献的检索来看,对课程文化的定义仍在探讨之中(郑金洲,2000;黄忠敬,2002);从文化学的视角对课程的文化制约性、课程的文化适宜性、课程与文化的关系、多元文化课程等进行研究的较多(张曾田,2006;彭寿清,2005);有研究者从后现代的角度重建了课程与文化的关系(郝德永,2002);也有研究者从社会学的视角对不同文化在课程中的地位进行研究(黄忠敬,2002;吴永军,1999)。

在幼儿教育领域,对课程文化的研究也多关注课程的文化适宜性(朱家雄,2006等)、多元文化与幼儿园课程(喻小琴,2006)、儿童文化与幼儿园课程(束从敏,2001;张海丽,2006)、课程与文化的关系(潘月娟,2006)、民族文化与幼儿园课程(虞永平,2004)。

就综合课程研究来看,虽然当前出现的很多课程模式都具有综合的性质,对它们的研究多少也会涉及综合的理念，但是几乎没有人专门对幼儿园综合课程实践系统地进行文化反思。

五、研究目标

通过本研究，旨在唤醒教师的课程文化自觉，树立课程信念；在新的时代背景下，促进幼儿园综合课程体系的自我更新；完善幼儿园综合课程文化；同时，间接为我国其他幼儿园课程发展与课程研究提供新思路。

六、研究内容

1. 揭示幼儿园综合课程的机制。如：如何处理幼儿园课程的知识逻辑与心理逻辑的关系；如何认识知识、幼儿与教师的关系；如何认识课程、教学、游戏以及日常生活的关系；如何理解幼儿的学习，如何理解教师的教学，如何理解两者的关系；如何认识不同性质的知识对课程综合的要求等。

2. 反思并再构园级综合课程体系。本研究拟先总结现有的综合课程体系（综合课程理念、目标、内容组织、实施、评价）与综合课程实践，同时，学习脑科学、幼儿学习心理学、实习场理论、全语言教学理论、儿童的一百种语言等先进理论，在这些理论的指导下，理性反思现有的综合课程体系与综合课程实践的不足，发展综合课程。

3. 反思并再构班级综合课程文化。综合课程不是一种呆板的课程模式，在不同的班级，由于教师、幼儿与家长的情况各不相同，自然会产生各具特色的综合课程文化。

4. 反思并再构教师个人的课程文化。每位教师都有指导自己进行综合课程实践的理念，这些理念不一定都能被意识到，也不一定都正确。本研究拟通过各种途径，帮助教师将影响自己课程行为的内隐理念明朗化，在此基础上，吐故纳新，扬长补短，构建符合综合课程理念的个人课程文化。

5. 探索与综合课程文化相一致的幼儿园课程管理文化。幼儿园综合课程文化的反思与重构，需要同时建构相应的课程管理文化。

七、研究假设

1. 幼儿园综合课程文化是流动的，而不是凝固的，它体现在幼儿园综合课程文化需要与时俱进，不断发展。

2. 幼儿园综合课程文化体现在综合课程的各项实践之中，因此，研究幼儿园综合课程文化不能脱离课程实践，进行坐在书斋内的研究，而应该密切关注课程实践，在反思和改变课程实践的过程中建构课程文化。

3. 揭示幼儿园综合课程机制是反思与重构幼儿园综合课程文化的关键。

4. 幼儿园综合课程文化的建设是一项立体工程，需要从幼儿园层面、班级层面和教师个体层面共同建设。

5. 幼儿园综合课程文化的反思与建构必然需要幼儿园课程管理文化的改变，如果课程管理文化建设滞后，就会使综合课程文化建设因遭遇制度或政策的阻碍而无法实施。

八、创新之处

本研究是我国自幼儿园综合课程建设以来，首次以幼儿园为主体对综合课程文化进行的系统反思，其研究成果将会对我国幼儿园综合课程实践产生巨大影响。本研究也是我国首次以幼儿园为主体，系统思考幼儿园综合课程的发展走向，拟从相关理论中汲取营养，力争在课程内容组织模式、课程实施与课程评价等方面都有所突破。

九、研究思路

1. 本研究采纳行动研究的支持模式。由我园领导与教师在多次研讨的基础上提出解决阻碍我园综合课程发展的问题的路径，在形成研究假设、计划研究行动、评价研究过程和结果时，都需要得到专家的帮助和支持。

2. 本研究内容大致可以分为三个部分：第一部分，探讨幼儿园综合课程的机制。第二部分，分别从园级、班级和教师个人三个层面反思和再构综合课程文化。第三部分，探讨幼儿园综合课程管理文化。

3. 本研究采用"向后""向上"和"向前"三条研究路径："向后"：指回顾反思综合课程研究二十年已经取得的成果与不足；"向上"：指进行理论学习，接受专家的指导，不断接受新的观念；"向前"：立足实践，通过各种方法，脚踏实地地推进课程文化发展。

十、研究方法

叙事研究法。这是本研究的重要研究方法。它主要用来揭示行为背后的观念。主要用在两个方面：第一，我们可以定期召开"故事大会"，请教师分享各自在课程实践过程中发生的"故事"。在分享故事的同时，对故事背后所隐藏的观念进行研讨，显化教师的隐性观念，在研讨中更新教师的课程文化。第二，我园有一些20世纪80年代曾参加综合课程研究与实验的老教师，她们是综合课程文化建设的宝贵资源。我们拟邀请她们回园，向教师介绍当年进行综合课程研究的"故事"。

实物分析法。通过对20多年来我园综合课程建设的相关资料（包括文本资料和录像资料等）进行整理分析，回顾总结综合课程产生的背景、要解决的关键问题，以及各个阶段取得的成果。

访谈法。定期对教师进行访谈，了解她们在课程实践当中遇到的困惑，以及她们在课程实施中的进步。

理论思辨法。不断进行理论学习，探索综合课程的机制，更新综合课程的观念。

录像分析法。轮流对每位教师的课程实施过程进行录像拍摄，然后观看录像，帮助教师反思课程行为背后潜在的课程观念。

课程实施观摩法：定期举行公开观摩活动，邀请专家和相关教师参与，对活动进行深度评析。

十一、实施步骤

幼儿园综合课程文化研究是一项较为复杂的系统研究,需要统筹兼顾、合理安排。为了便于研究系统能有序地展开,我们在研究过程中将坚持统筹兼顾、阶段突破的原则。具体研究步骤如下:

第一阶段:2007年10月—2008年6月

1. 从课程文化角度梳理我园综合课程文化,总结现有综合课程文化的优势与不足。

2. 学习先进的课程文化理论,紧密结合实践经验,构建与幼儿园综合课程相适应的课程文化基本架构。

第二阶段:2008年7月—2009年7月

1. 探讨幼儿园综合课程的课程特质与运行机制。主要解决以下问题:幼儿园综合课程的知识逻辑与心理逻辑的关系;幼儿、教师与知识三者间的关系;课程、教学、游戏及日常生活的关系;教师教学与幼儿学习之间的关系等。

2. 再构幼儿园综合课程体系。主要是总结现有的综合课程体系与综合课程实践,在新的课程文化观念的统摄下对现有课程体系进行全面的课程审查、筛选与增补。

3. 中期研究成果汇报。

第三阶段:2009年8月—2010年8月

重构幼儿园综合课程文化体系。主要是探索与幼儿园综合课程相适应的课程管理文化、教师文化、儿童文化,从而完善课程管理文化、教师文化与儿童文化三者间互促共进的综合课程文化体系。

第四阶段:2010年9月—2010年12月

整合课题研究成果,撰写研究报告,准备结题。

主要参考文献

1. [美]爱泼斯坦.有准备的教师——为幼儿学习选择最佳策略[M].李敏谊,张晨晖,郑艳,李雅静,译.北京:教育科学出版社,2012.

2. [美]爱德华兹,甘第尼,福尔曼.儿童的一百种语言:转型时期的瑞吉欧·艾米利亚经验(第3版)[M].尹坚勤,王坚红,沈尹婧,译.南京:南京师范大学出版社,2014.

3. [美]班宁,沙利雯.透视幼儿的户外学习[M].毛曙阳,译.中国轻工业出版社,2023.

4. [新西兰]布朗利.与我心灵共舞:满足婴幼儿的成长需求——安全感、被爱和被尊重[M].范忆,刘萌然,译.南京:南京师范大学出版社,2019.

5. [美]贝纳姆.培养卓越儿童:幼儿教育中的瑞吉欧教学法[M].叶平枝,等译.北京:中国轻工业出版社,2022.

6. 陈鹤琴.陈鹤琴全集[M].陈秀云、陈一飞,编.南京:江苏教育出版社,2008.

7. 陈向明.质的研究方法与社会科学研究[M].北京:教育科学出版社,2000.

8. [美]道治,柯克,海洛曼.幼儿园创造性课程[M].吕素美,译.南京:南京师范大学出版社,2006.

9. [美]杜威.民主主义与教育[M].王承绪,译.北京:人民教育出版社,2001.

10. 杜丽静.南京市实验幼儿园课程文化研究——从教师课程行事方式角度[D].南京:南京师范大学,2009.

11. [德]福禄倍尔.人的教育[M].孙祖复,译.北京:人民教育出版社,2001.

12. [美]戈贝尔.评价幼儿的6种简易方法[M].毛曙阳,译.上海:华东师范大学出版社,2011.

13. ［美］霍曼，等. 活动中的幼儿——幼儿认知发展课程［M］. 郝和平，周欣，译. 北京：人民教育出版社，1995.
14. 胡华. 幼儿教师的教育哲学观——通向幸福的教育之道［M］. 上海：复旦大学出版社，2022.
15. 黄琼. 学前教育：我的梦想与追求［M］. 上海：上海教育出版社，2011.
16. ［日］河边贵子. 以游戏为中心的保育：从保育记录出发进行解读［M］. 朱英福，熊芝，译. 上海：华东师范大学出版社，2009.
17. ［美］琼斯，尼莫. 生成课程［M］. 周欣，等，译. 上海：华东师范大学出版社，2004.
18. ［日］津守真. 幼儿工作者的视野：置身教育实践的记录［M］. 刘洋洋，译. 上海：华东师范大学出版社，2009.
19. 姜勇，主编. 国外学前教育学基本文献讲读［M］. 北京：北京大学出版社，2013.
20. 教育部基础教育司. 幼儿园教育指导纲要（试行）解读［M］. 南京：江苏教育出版社，2002.
21. ［美］柯蒂斯，卡特，编著. 和儿童一起学习：促进反思性教学的课程框架［M］. 周欣，周晶，张亚杰，高黎亚，译. 北京：教育科学出版社，2011.
22. ［美］卡德威尔. 把学习带进生活——瑞吉欧学前教育方法［M］. 刘鲲，等，译. 上海：华东师范大学出版社，2006.
23. ［美］凯兹. 与幼儿教师对话——迈向专业成长之路［M］. 廖凤瑞，译. 南京：南京师范大学出版社，2004.
24. ［法］卢梭. 爱弥儿［M］. 李平沤，译. 北京：商务印书馆，1996.
25. ［澳］罗德. 理解儿童的行为：早期儿童教育工作者指南［M］. 毛曙阳，译. 上海：华东师范大学出版社，2007.
26. ［英］利奇. 观察：走近儿童的世界［M］. 潘月娟，王艳云，译. 北京：北京师范大学出版社，2008.
27. ［英］路易斯，等. 认识婴幼儿的游戏图式：图式背后的秘密（第2版）［M］.

张晖，范忆，时萍，译．北京：中国轻工业出版社，2019．

28．刘晶波，主编．学前教育研究方法［M］．北京：人民教育出版社，2006．

29．刘敏，等．幼儿园文案撰写规范与技巧［M］．北京：中国轻工业出版社，2019．

30．毛曙阳．儿童游戏与儿童文化［M］．南京：江苏凤凰教育出版社，2020．

31．［澳］麦克诺顿，等．早期教育研究方法：国际视野下的理论与实践［M］．李敏谊，等，译．北京：教育科学出版社，2008．

32．［美］米勒．发展的研究方法（第二版）［M］．郭力平，等，译．上海：华东师范大学出版社，2006．

33．［美］诺丁斯．学会关心：教育的另一种模式（第2版）［M］．于天龙，译．北京：教育科学出版社，2014．

34．彭运石．走向生命的巅峰——马斯洛的人本心理学［M］．武汉：湖北教育出版社，1999．

35．［英］沙曼，等．观察儿童——实践操作指南［M］．单敏月，王晓平，译．上海：华东师范大学出版社，2008．

36．王坚红，主编．学前教育评价［M］．北京：人民教育出版社，2011．

37．王春燕．幼儿园课程概论（第2版）［M］．北京：高等教育出版社，2014．

38．吴康宁．重新发现教师［M］．南京：南京师范大学出版社，2017．

39．［美］约翰逊，等．游戏与儿童早期发展［M］．华爱华，郭力平，等，译．上海：华东师范大学出版社，2006．

40．虞永平，编著．学前课程与幸福童年［M］．北京：教育科学出版社，2012．

41．张晖，编著．幼儿园教育科研指南［M］．南京：南京师范大学出版社，2011．

42．张晖，主编，崔映飞，副主编．幼儿园课题研究［M］．北京：高等教育出版社，2012．

43．颜莹．教育写作：教师教育生活的专业表达［M］．南京：江苏凤凰教育出版社，2020．

44．［日］佐藤学．静悄悄的革命［M］．李季湄，译．长春：长春出版社，2003．